DES INCENDIES DE FORÊTS

DANS LA RÉGION

DES MAURES ET DE L'ESTEREL

(PROVENCE)

Imp. Remondet-Aubin, sur le Cours, 53.

DES INCENDIES

DE FORÊTS

DANS LA RÉGION

DES MAURES ET DE L'ESTEREL

(PROVENCE)

Leurs causes. — Leur histoire. — Moyens d'y remédier.

PAR

CHARLES DE RIBBE.

PARIS

LIBRAIRIE AGRICOLE, RUE JACOB, 26

1865

AVANT-PROPOS

Nous consacrons ce travail à étudier sous un nouvel
aspect la question forestière en Provence. Nous voudrions
pouvoir fixer l'intérêt, et un intérêt spécial, sur une
région longtemps oubliée et même encore peu connue,
féconde en produits ligneux, riche en matières minérales
et en substances métalliques, pour laquelle doit s'ouvrir tôt ou tard une ère de transformations agricoles,
mais qui dans les conditions présentes n'a pas la sécurité
nécessaire aux moindres essais de progrès.

La région où se concentrent nos observations se limite,
dans la Basse-Provence, à la zone granitique, au
groupe des terrains primitifs, s'étendant sur une longueur
d'une trentaine de lieues de Toulon jusqu'à Antibes.
C'est ce qu'on pourrait nommer *la région du feu*. La
seule année 1864 y a vu brûler en quelques jours
11,000 hectares de bois. Au lendemain de tels sinistres,

il nous semble utile et opportun de tenter une œuvre analogue à celle que nous publiâmes après les inondations de 1856[1]. Les montagnes dénudées des Alpes sont livrées chaque année, dans la saison des orages ou lors de la fonte des neiges, aux débordements des torrents, véritables trombes d'eau qui produisent les effets de la foudre. Les belles et verdoyantes montagnes de l'Esterel et des Maures sont en proie aux incendies, dont les ravages s'exercent périodiquement au mois d'août et s'étendent sur d'immenses surfaces, ne laissant souvent après eux que des broussailles à la place des anciennes forêts.

Ici c'est le feu, là c'est l'eau. Les éléments paraissent conjurés pour détruire la propriété forestière du Sud-Est de la France. La destruction par le feu est si redoutable, si intense, qu'un préfet, M. Mercier-Lacombe, écrivait en 1858, dans son rapport au Conseil général du Var :— « Depuis cinq ans, l'incendie a plus brûlé de bois que n'en auraient fait périr tous les troupeaux du département pâturant librement dans les défenses domaniales et communales. »

Notre travail a pour but l'étude de ce fléau. Il est et doit être à la fois historique et économique. Là est son intérêt, son double caractère probant, et nous nous serions montré peu fidèle à l'inspiration de nos autres écrits, si, en voulant faire connaître le présent, nous avions négligé d'interroger le passé. La marche séculaire

---

[1] *La Provence au point de vue des bois, des torrents et des inondations, avant et après* 1789; Paris, Guillaumin, 1857.

des incendies n'explique-t-elle pas leur marche actuelle !
N'ont-ils pas toujours le même point de départ, les mêmes
causes subsistantes ? Il y a plus : c'est dans ce genre d'é-
tudes qu'on peut apprécier l'utilité de l'histoire, pour
éclairer les diverses et les plus modestes branches de l'é-
conomie sociale. Ce que nous avons tenté dans l'ordre
forestier, on le réaliserait avec un égal profit sous d'autres
rapports. Notre siècle a la noble passion de l'archéologie,
il cherche, il scrute à travers les profondeurs de l'oubli la
pensée créatrice des vieux monuments. Or, quel monu-
ment plus ancien et plus vénérable que le sol ? Dieu l'a
formé et nous l'a donné ; mais ne le faisons-nous pas en
quelque sorte à notre image et à notre ressemblance? Tous
les états de civilisation ne se traduisent-ils nécessairement,
à un certain degré, dans l'état et l'équilibre des cultures ?
Ne voyons-nous pas, dans le même pays et à de faibles
distances, des contrastes qu'expliquent seuls les mœurs,
la constitution des familles de propriétaires, le plus ou
moins d'énergie du ressort moral? L'histoire du sol se
lie à celle des familles et des races. L'histoire forestière
de la zone granitique de la Provence nous permettra de
montrer en action, dans un cadre limité, ces idées générales. Il ne sera pas sans intérêt de suivre à travers les
siècles le laborieux, le difficile enfantement d'une organisation conservatrice et protectrice, et d'apprendre par
l'observation des faits quels efforts persistants et sans cesse
renaissants sont en tout et pour tout nécessaires à une
œuvre de bien public.

C'est à ces divers points de vue que nous avons invo-
qué les leçons de l'histoire. Nous avons consulté les té-

moignages de l'expérience, et nous avons conclu avec l'opinion des hommes compétents. Puissent de tels enseignements susciter ou stimuler l'initiative individuelle et collective des propriétaires? Puisse une enquête décisive et définitive éclairer les pouvoirs publics sur le choix et l'emploi du remède! Nous sommes de ceux qui ont la plus haute estime pour les services rendus par l'administration forestière, qui voudraient trouver le pays unanime à les apprécier. Comment, depuis 1827, cette administration n'a-t-elle rien ou presque rien tenté d'un peu efficace, dans l'Esterel et dans les Maures, comme moyen de préservation et de régénération? Ce n'est pas le lieu d'en signaler les motifs, et nous aimons mieux, en constatant les efforts, les essais dont elle commence à donner l'exemple, y voir les gages d'un meilleur avenir.

En un temps où l'on endigue les fleuves et les torrents, où l'on reboise les versants dénudés des Alpes, où l'on assainit et met en valeur les sables infertiles des Landes de la Gascogne, les plaines marécageuses de la Sologne, lorsque près de nous la Corse est en voie de se transformer par tout un ensemble de routes agricoles et forestières, les travaux indispensables de défense contre le feu seraient-ils impossibles dans les riches massifs boisés du littoral de la Provence? Parce que l'exécution de ces travaux et leur extension à de grandes surfaces offrent des difficultés, l'incurie serait-elle justifiée? Parce que le mal dont on souffre est ancien, se résignerait-on à une inertie fatale? Le remède exigera du temps, des sacrifices, une entente et une action communes: ce sont les conditions du succès; ne les a-t-on pas trouvées et garanties ailleurs?

A la veille de **1789**, la question forestière était déjà posée et discutée en Provence; le savant Darluc l'avait traitée dans son *Histoire naturelle*. Or, un magistrat lui écrivait dans un travail manuscrit où se résumaient ses observations : — « *Avant de penser à former de nouveaux bois, occupons-nous de conserver ceux que nous avons.* »

Ce mot plein de sens a toujours été vrai; mais il est plus opportun que jamais de le rappeler. Soyons heureux des progrès que la question forestière a faits depuis quelques années, de la popularité conquise par l'œuvre du reboisement. Oui, reboisons, gazonnons les montagnes; travaillons à sauver les Alpes des débordements et des dévastations de ces torrents qui menacent leur existence; mais ne nous condamnons pas à laisser périr les bois que nous avons, et ne négligeons rien pour préserver ces richesses forestières, trop exceptionnelles dans le Midi, là surtout où la nature les fait surgir d'elle-même avec une inépuisable fécondité.

DES INCENDIES DE FORÈTS

DANS LA RÉGION

DES MAURES ET DE L'ESTEREL

(PROVENCE)

CHAPITRE Ier

**La zone granitique de la Basse-Provence.— Les Maures et l'Esterel.
— Etat forestier, agricole et économique du pays. — Ses richesses
minérales.**

La zone granitique de la Basse-Provence qui forme, sur
le littoral de la Méditerranée, les deux régions des Maures
et de l'Esterel, n'est pas seulement curieuse à étudier au
point de vue de sa constitution géologique. Elle offre dans
ses productions, sa végétation forestière et ses conditions
d'existence , une physionomie tranchée et tout à fait à
part. La séparation des deux zones est bien marquée par la
ligne du chemin de fer qui va de Toulon à Nice, et, sur une
étendue de vingt lieues, le contraste est vraiment saisissant.
Les voyageurs ont à leur gauche les montagnes calcaires,
avec leurs rochers nus et arides, aux découpures si pitto-
resques, et à leur droite les montagnes granitiques beaucoup
plus régulières et offrant dans leur ensemble de verdoyantes
perspectives, auxquelles le mélange de l'ombre et de la lumière prête les charmes d'un beau panorama. Là, il y a
encore de grands massifs boisés; mais là, souvent aussi, il ne

reste, comme vestige des anciennes forêts, que des bruyères, des espaces vagues dont se sont emparés d'innombrables arbustes, arbrisseaux et plantes ligneuses, où ne subsistent que quelques pins et chênes liége. Si funeste qu'ait été la destruction, elle n'est cependant jamais comparable à celle des Basses et Hautes-Alpes. Elle peut être plus facilement réparée ; car les schistes des terrains et roches granitiques tendent à recréer un sol végétal par leur décomposition.

M. H. de Villeneuve, ingénieur des mines, a tracé dans sa *Description minéralogique et géologique du Var*[1], la délimitation du terrain granitique en Provence. — « Cet ordre de terrain, dit-il, forme une bande continue du Sud-Ouest au Nord-Est, sur tout le littoral, depuis Saint-Nazaire jusqu'au Cap Croisette, entre Cannes et Antibes. Dans l'intérieur des terres, il s'arrête vers Auribeau et Tournon, près de Grasse ; passe au midi de Fayence, Seillans, Draguignan; passe par le Luc, Pignans, Cuers, et se termine à une ligne qui peut être fixée à Toulon et au sud d'Ollioules. La plus grande longueur de cet ilot siliceux est de 110 kilomètres ; la plus grande largeur de 35. Les iles d'Hyères et des Ambiers appartiennent à la même classe géologique. »

Il y aurait beaucoup à dire sur l'état et les besoins de la propriété forestière , dans une région si exceptionnelle, si peu connue, et qui mériterait, qui demanderait même une œuvre particulière d'explorations et d'observations. Nous nous bornerons aux détails économiques inséparables de notre sujet. Nous voulons, avant toute étude sur les causes les plus fréquentes et sur la marche séculaire des incendies, montrer au moins en substance ce que sont dans la zone granitique du Var les bois et le sol, où en sont les

[1] Paris, Victor Dalmon, 1856, pag. 34.

hommes, les choses, les éléments de progrès et les espérances d'avenir.

Le chêne liége est devenu l'essence la plus précieuse de
ces montagnes.[1] Depuis Hyères jusqu'à Fréjus, on le trouve
en peuplements plus ou moins clairsemés et entremêlés de
pins. Ce sont pour les propriétaires de véritables fortunes,
et ces fortunes ne datent guère que d'un demi-siècle. Nous
avons fait quelques recherches dans le passé, nous avons
parcouru bien des documents de l'ancien régime. Nous n'a-
vons vu nulle part qu'on ait jamais soupçonné la valeur
industrielle du chêne liége en Provence, qu'on ait pensé à
l'exploiter, si ce n'est pour les besoins très limités de la consommation locale et aussi pour la construction des ruches à
miel. Darluc, qui met tant de conscience et de patriotisme à
ne pas oublier le moindre détail intéressant un pays dont il
était originaire, mentionne l'arbre, comme naturaliste, mais
sans s'y arrêter. Il nous conduit à la Garde-Freinet, aujour-
d'hui centre important pour la préparation du liége et la
fabrication des bouchons ; il parle de la culture du châtaignier, de ses profits, et ne signale pas d'autre industrie locale. Même silence dans le travail statistique d'un ancien
préfet du Var, M. Fauchet. A quoi peut tenir ce long oubli
d'une valeur très connue depuis le xvii siècle, époque où
l'usage des bouchons de liége devint général ? Il n'y en a
qu'un motif : le préjugé. Le liége de Provence était réputé
trop grossier, et dans le pays même il était déprécié. L'ini-

---

[1] « On trouve le chêne liége en quantité appréciable et faisant l'objet
de produits souvent considérables dans les forêts de la Garde,
Bormes, Collobrières, Pierrefeu, la Garde-Freinet, Vidauban, les
Arcs, le Muy, Saint-Raphaël, Fréjus, le Puget, Carnoules, Callas,
Fayence, Saint-Paul de Fayence, Bagnols, Valbonne et Vallauris. »
— *Situation forestière du département du Var*, par M. Deval, p. 26.

tiative de spéculateurs espagnols, d'heureux essais venant
battre en brèche les habitudes auraient, dit-on, produit l'effet
d'une sorte de révélation industrielle et commerciale. Notons
encore ici, en passant, un fait qui a son intérêt historique.
On trouve, dans de vieux actes de partage, qu'il était
reçu de donner aux cadets les terres et bois des Maures.
L'habitation patrimoniale, le noyau de l'exploitation agricole
étaient le lot de l'aîné, ou de celui des enfants que le père
chargeait de conserver le nom et la dignité de la famille. La
roue de la fortune a tourné depuis un demi-siècle, les valeurs territoriales se sont déplacées, et il est arrivé, sur plusieurs points, que les situations ont été interverties pour
les descendants des premiers possesseurs.

Le liége récolté dans le département du Var y est tout
entier mis en œuvre, et on n'en exporte pas au dehors.
« L'extension qu'a prise la fabrication des bouchons exige
même une importation qui tend tous les ans à s'accroître.
Cette industrie est exercée dans vingt communes et emploie
constamment plus de 1000 ouvriers. » [1] La nécessité de l'importation dans un pays qui devrait produire pour l'exporta-
tation est significative. La qualité des produits n'a pas moins
que leur quantité son intérêt pratique et de premier ordre.
Elle dépend des soins donnés à l'arbre, de la nature du sol
et de son exposition au midi. Tous ceux qui se sont occupés
du chêne liége ont constaté qu'il demande une exposition
chaude, un sol de montagne et même rocailleux. Il devient
très vigoureux dans les plaines et les terrains profonds; mais
il ne fournit alors qu'une écorce de rebut. Il importe donc
que sa croissance ne soit trop rapide, pour que le

[1] *Statistique du Var*, par M. Octave Teissier ; Draguignan, 1855,
p. 23.

liége soit compacte, ait un grain fin et uni, au lieu d'offrir un tissu lâche et plus ou moins fibreux. Il en est tellement ainsi qu'en Catalogne, où les qualités sont supérieures à celles de Provence, le prix du quintal métrique présente des écarts considérables, et peut varier de 22 fr. à 80 fr., [1] selon le degré de grossiéreté ou de finesse de l'écorce et les usages auxquels elle doit être employée. M. Clavé estime le rendement annuel d'un hectare de chênes liége à près de trois quintaux métriques, donnant en moyenne un bénéfice net de 100 fr. [2] M. Rousset l'a porté, pour les forêts d'Algérie, [3] au chiffre un peu moins élevé de 93 fr. 86 c. Ce rendement pourrait être de 80 à 90 fr. dans l'Esterel et les Maures de la Provence ; mais le peuplement étant très irrégulier, le produit net en moyenne ne varie souvent guère au-delà de 10 à 30 fr.

Il y a déjà bien des années, en 1831, M. Toulouzan insistait vivement dans les *Annales provençales d'agriculture pratique*, [4] sur le grand intérêt d'effectuer des semis et plantations, d'introduire les meilleurs modes de culture qui permettraient au liége du Var de lutter avec celui de la Catalogne.—« Les moyens de production sont tout à fait négligés, disait-il, on se borne à donner des soins aux arbres qui poussent naturellement sur le sol, mais personne n'a encore

---

[1] *Dictionnaire du commerce et de la navigation*, Guillaumin, 1861, article sur le *Liége*.

[2] *Études sur l'Économie forestière*, par Jules Clavé ; Paris, Guillaumin, 1862, p. 252.

[3] *Culture, exploitation et aménagement du chêne liége en France et en Algérie*, Paris, chez Bouchard-Huzard, p. 40.

[4] N° 46, p. 401-411. — M. Henri Laure publia vers la même époque un travail sur le chêne liége, dans le *Bulletin de la Société d'agriculture du Var*, n° 26.

songé à faire des semis, ni à transplanter régulièrement les jeunes arbres qui croissent en touffes, ni à tenter la greffe sur d'autres espèces de chênes. » Il y a eu des efforts, des essais, des progrès réalisés depuis cette époque ; mais ont-ils été au niveau des exigences de la situation et des besoins ? Nous sommes vraiment étonné de voir dans le travail de M. Deval que, sur une étendue totale de 48,460 hectares de bois communaux soumis au régime forestier, il n'y avait, en 1852, d'après le cadastre, que 963 hectares agrégés en chênes liége. Ce chiffre ne doit pas être l'expression complète de la vérité des choses. Le chêne liége, sur beaucoup de points, est en germe, il demande comme condition de croissance les nettoiements et le recepage, dont nous nous occuperons bientôt au sujet des incendies. La mise à ferme de ses produits pour les bois communaux, en 1863, a été de 52,021 fr.

Le châtaignier est une essence très précieuse aussi pour les terrains siliceux du Var, où il couvre 3,852 hectares, lorsque le département de la Dordogne en possède 58,235 hectares. Son fruit est excellent et il entre dans l'alimentation du peuple : son bois a une grande valeur. Son produit annuel, dans le Var, est estimé un million de francs. On le rencontre dans vingt-trois communes et notamment à la Garde-Freinet, à Collobrières, au Luc, à Pignans et à Gonfaron. Il y a long-temps qu'on a conseillé de le propager là où le sol est frais et sablonneux, et de le planter aux expositions nord qui lui conviennent.

On trouve le pin d'Alep dans le pays granitique, et sa graine ailée semble y avoir été transportée par les tourbillons de mistral qui viennent du pays calcaire. Mais les essences indigènes sont le pin pinier dont on admire au Luc de beaux massifs dans une plaine magnifique, le grand et le petit pin maritime qui gravissent les âpres sommets des mon-

tàgnes. C'est au sein de ces forêts résineuses que les incen·
dies ont exercé depuis des siècles et périodiquement leurs
ravages, détruisant un énorme capital accumulé par le temps.
Le pin pinier produit un bois très recherché pour la char-
pente et la menuiserie. Quant au pin maritime, dont la croissance est si rapide , sa fibre est plus molle et sa qualité
inférieure. Exploité de 20 à 30 ans, il est débité en che-
vrons pour la bâtisse, et de 60 à 70, il est converti en plan-
ches au moyen de scieries mécaniques. On constatait, en
1852, qu'il fournissait environ 200,000 douzaines de plan-
ches à la savonnerie ou autres industries de Marseille.
Il peut servir aux constructions hydrauliques ; dans les
chantiers de marine on l'emploie pour étais et pilotis ; enfin,
injecté avec du sulfate de cuivre, il pourrait donner des poteaux télégraphiques. Malheureusement, les difficultés d'exploitation et de transport lui enlèvent beaucoup de son prix.
Un pin de 60 à 70 ans ne se vend guère sur pied que de
4 à 5 fr., lorsque, dans les Landes, il a une valeur nette de
10 fr. au moins. Là où des routes se sont ouvertes, et sur le
parcours du chemin de fer de Toulon à Nice, les prix sont
plus élevés.

Les propriétaires des Landes, dont l'initiative individuelle
et collective serait à imiter par ceux de la Provence, ont su
lui créer de fructueux débouchés en Angleterre où les poteaux de pins maritimes, provenant des éclaircies, sont destinés au fonçage des puits de mines dans les exploitations
houillères.[1] Les propriétaires des Landes aménagent leurs

---

[1] « Les dimensions voulues pour les poteaux qu'on expédie en Angleterre, dit M. Chambrelent, sont de 0 m. 06 de diamètre au petit
bout, et de 2 m. 50 de longueur minimum. Leur prix est de 7 fr.
50 c. les 31 mètres courants. » — *Assainissement et mise en valeur
des Landes de Gascogne* ; Bordeaux, 1862.

forêts. « L'aménagement d'une forêt consiste à déterminer le temps nécessaire pour que le bois acquière le maximum de valeur moyenne soit en matière, soit en argent (ce qu'on appelle la révolution), et à couper annuellement la quantité dont il croît chaque année. [1] » Il permet de ne laisser échapper aucuns produits, de faciliter leur sortie et leur transport. Il empêche les fouillis d'arbres de tout âge, perdus, éparpillés dans les impénétrables fourrés de morts-bois, d'offrir le plus actif aliment aux incendies. Il groupe sur un même point les arbres exploitables. Il les fait croître ensemble depuis leur naissance jusqu'à leur abattage, « en favorisant leur venue et leur qualité par des éclaircies pratiquées périodiquement. »

Voilà ce que font les propriétaires des Landes obligés de créer tout à nouveau, lorsque chez nous il n'y a qu'à conserver, à améliorer et organiser un système de défense contre le feu. C'est ce qui est encore démontré par le traitement des bois pour l'extraction de la résine ; question importante et

M. Chambrelent, ingénieur des ponts-et-chaussées, aura l'honneur d'avoir préparé par ses travaux et inauguré par ses propres exemples cette ère nouvelle de la transformation des Landes. Nous n'oublierons jamais le gracieux accueil qu'il voulut bien nous faire en 1863, à son domaine de Saint-Alban, près de Bordeaux, et le beau spectacle de ses semis de pins et de chênes au milieu desquels il nous conduisit.

[1] *Situation forestière dans le département du Var*, p. 21, 25 et 26. Cette brochure contient un excellent rapport présenté en 1852 au Conseil général du Var par M. Deval, alors inspecteur des forêts à Draguignan , aujourd'hui conservateur à Gap. M. Deval, dont nous résumons sur ce point les observations et les conseils, écrivait que, dans le Var, des forêts de 1000 hectares n'ont pas quelquefois un peuplement réel équivalant à 100 hectares bien boisés.— Voir, sur l'*Aménagement des forêts,* le beau travail de notre savant compatriote M. L. Tassy.

qu'il faut au moins poser ici, sans vouloir ni la résoudre complétement ni l'épuiser.

L'extraction de la résine est depuis longtemps une industrie agricole très lucrative, dans les forêts de pins maritimes de la Gascogne. Ceux qui ont visité les *pignadas* des Landes, ceux qui ont vu les beaux massifs boisés dont se sont couverts, depuis Brémontier, 60,000 hectares de dunes, ont été les témoins émerveillés de toute une création forestière et industrielle. Arthur Young signalait, en 1789, l'existence de cette industrie près de Bayonne. Elle a considérablement progressé dans ces derniers temps. La résine, écrivait-on naguère, est de l'or en barrique. Cela est vrai, sans exagération, depuis que la guerre d'Amérique et le blocus des ports du Sud en ont haussé, quadruplé même la valeur. Aussi de pauvres communes qui avaient exécuté des semis se sont-elles enrichies de manière à se transformer ; des propriétaires disposant de quelques capitaux ont fait fortune, et il en est pour lesquels le produit d'un hectare de pins, dans une seule année, a payé le prix du terrain. On extrait de la résine, par fusion ou par distillation, la térébenthine, les essences, la colophane, les vernis, et par la combustion du bois on obtient les goudrons et la poix.

C'est dans les Landes qu'il faut admirer comment le système des éclaircies se combine avec l'ordre d'exploitation et lui vient en aide. Le pin maritime y languit quand il ne peut s'étaler. Sa tige trop grêle ne peut plus supporter le poids de la cime et se tourmente. Pour être vigoureux, il a besoin d'air et de lumière. Les jeunes plants doivent être bientôt espacés d'un mètre ; à dix ans, il convient de n'en laisser que 2000 à 2500 par hectare ; à quinze ans, ce nombre est réduit à 1000 ou 800 ; enfin, à vingt ans il n'est plus que de 400 et à vingt-cinq de 300.

Les hommes les plus compétents[1] disent que les pins trai-
tés de la sorte peuvent donner de la résine à quinze ans. Le
gemmage s'opère de deux manières : ou *à mort*, pour les
arbres qui sont destinés à tomber dans l'éclaircie, ou *à vie*,
pour les arbres de réserve. On n'entaille ceux-ci qu'à vingt-
cinq ans, et l'opération, conduite avec prudence et quelques
interruptions, se poursuit sans dommages jusqu'à leur exploitation définitive. Le produit annuel et normal est estimé de 20 à 30 centimes par arbre, et même, dans ces dernières années, il s'est élevé à plus de 1 franc. On pourrait
croire que les saignées auxquelles est soumis le pin nuisent
à la qualité du bois. L'expérience démontrerait le contraire.
La croissance étant plus lente, la fibre est plus serrée, et à
soixante ans un pin maritime se vend jusqu'à 10 fr.

Le gemmage n'est pas inconnu dans les Maures de la Provence. Darluc avait vu, au Muy, « tirer *le brai* ou térébenthine, en faisant des entailles aux pins, et la poix, en brûlant
les copeaux étendus sur une claie de fer.[2] » Colbert n'avait
rien négligé pour établir et étendre cette dernière industrie
en Provence. — « Je suis persuadé, disait-il, qu'on peut
faire en Provence d'aussi bon goudron que dans le Nord, et
qu'il faut s'en servir par préférence à l'autre. » Sa grande pré-
occupation était d'assurer toutes les fournitures nécessaires à
la marine, en rendant notre pays indépendant de l'étranger. Il
avait même appelé en France un sieur Elias, norwégien, pour
y former des ouvriers habiles dans les procédés d'extraction.
M. Pierre Clément a publié des fragments d'une curieuse
correspondance échangée de 1666 à 1670, entre Colbert et

[1] M. le conservateur des forêts de Bordeaux a bien voulu nous
communiquer ces détails d'intérêt pratique.

[2] *Histoire naturelle de la Provence*, Avignon, 1786, tom. III,
page 304.

M. d'Infreville, intendant de la marine à Toulon.[1] On y
voit que le goudron était fabriqué à Vidauban « par les
soins du sieur Just, de Toulon, et le ministère des valets du
sieur Elias ; qu'un nommé Cauvin, bourgeois et habitant de
Saint-Tropez, offrait de travailler les bois proches de la mer
où la dépense serait moindre; qu'on pensait à installer un
magasin de goudron à Sainte-Maxime, petite ville du golfe
de Grimaud. » Au xviie siècle, la fabrication se continuait
sur le littoral, et les règlements de la Chambre des eaux et
forêts en offrent la preuve ; mais il n'était pas permis d'extraire la poix des pins, dits *pins gras*, sans y avoir été
autorisé.

Aujourd'hui encore, on extrait le goudron des pins maritimes au Muy, à Vidauban, aux Arcs, du côté de Roquebrune, et on l'emploie dans les ports du littoral pour le gou-
dronnage des bâtiments. On estime que 500 kilogrammes de
copeaux de pins produisent environ 60 kilogrammes de goudron ou de résine. 100 kilogrammes de cette résine sont
en ce moment livrés au commerce, à raison de 40 fr.

Quant au gemmage proprement dit, donnant par l'inci-
sion faite à l'arbre la *gemme* ou résine molle, il semble avoir
disparu des points où il était pratiqué dans l'ancien régime.
Quel contraste entre la zone provençale et celle des Landes!
Et comprend-on que le pin d'Alep soit très utilement, très
fructueusement exploité sous ce rapport dans les Bouches-
du-Rhône, lorsque le pin maritime ne l'est pas dans le Var?
Il est hors de doute que le pin maritime des Maures et de
l'Esterel pourrait être gemmé avec profit, les conditions du
climat étant les mêmes, et on ne voit pas comment le sol siliceux et profond des montagnes granitiques ne serait pas

[1] *La Provence et Colbert,* brochure in-12, Draguignan, 1862.

aussi favorable à la production de la séve que le sable des Dunes. La difficulté ne saurait donc se trouver dans l'arbre lui-même, s'il était au degré voulu de croissance, si la crainte des incendies cessait d'agir sur les propriétaires pour leur faire effectuer leurs coupes le plus tôt possible. A nos yeux, il y a une seule objection. Elle vient de la prodigieuse fécondité des morts-bois qui ne manqueraient pas d'envahir des massifs trop éclaircis et non nettoyes. Or, nous savons que le pin maritime, pour donner une résine abondante, a besoin d'être suffisamment espacé, qu'il demande à étaler ses branches latérales. Il importe que la question soit mise à l'étude ; elle vaut la peine qu'on s'y arrête : car les propriétaires seraient d'autant plus stimulés à conserver leurs bois et à les défendre contre le feu qu'ils y seraient plus intéressés.

Les montagnes de la zone granitique provençale possèdent des minerais de plomb argentifère, plus ou moins irréguliers, et qui, exploités très anciennement sous les Romains, et plus tard par les Sarrasins, ont été abandonnés soit dès la découverte de l'Amérique, soit depuis que la concurrence des plombs d'Espagne a enlevé tout profit d'extraction. La vraie fortune de ces contrées trop délaissées par l'industrie est ailleurs ; elle paraît devoir être à l'avenir dans les minerais de fer qui y sont très répandus aux affleurements du terrain houiller. La ligne de Toulon à Nice, sur le prolongement de laquelle se trouvent les gisements, est destinée à étendre de ce côté le rayon d'approvisionnement ; elle facilitera les moyens d'exploitation ou de transport. Divers ingénieurs ont fait de cette question l'objet de nombreuses études. Un des plus savants, qui a consacré sa vie au bien public et à la Provence, dont nul mieux que lui n'a décrit la constitution géologique, M. le comte H. de Villeneuve-Flayosc, a groupé de précieuses indications dans un tableau d'ensemble sur les minerais de fer du département du Var.

« Les principales richesses métalliques du Var, disait-il en 1856, sont les mines de fer[1]. Leur exploitation se rattache aux progrès de celle des mines de houille... Et ces circonstances combinées avec la présence des forêts de pins, très étendues dans le groupe des Maures, permettent d'asseoir de légitimes espérances sur la production du fer...[2] » Quel utile emploi auraient en effet les ressources forestières, si elles servaient à mettre en valeur les ressources minérales ! Les bassins de Toulon et de Fréjus seraient également susceptibles d'une exploitation considérable.

Nous ne parlerons que sommairement de l'état agricole, pour mettre en complète évidence l'intérêt des cultures arbustives ;[3] nous aurons occasion d'y revenir dans le cours de ce travail. Les céréales viennent mal sur des terres

---

[1] D'après les études de M. de Villeneuve, le minerai présentant la plus grande masse exploitable est celui de Vaubarnier, placé à 25 kilomètres de la gare de Cuers. La route est établie de Collobrières à Cuers, sur un parcours de 22 kilomètres, et il ne reste à faire que l'embranchement de Collobrières à Vaubarnier.

Ce beau gisement est formé de 10 couches ; et, en comptant toute son épaisseur, on a la puissance de 30 mètres, qui se réduit à 7 mètres 50 centimètres de minerai proprement dit, minerai dont la teneur moyenne est de 35 de métal pour 100.

On a signalé aussi les minerais en grains du Thoronet, entre Cabasse et le Luc, contenant 26 pour 100 de fer sur le poids brut. Le fer qui en provient est doux et pourrait être associé à celui des environs de Collobrières.

[2] *Description minéralogique et géologique du département du Var.* — Consulter spécialement tout ce qui est dit aux pages 505-510.

[3] Consult. sur ce sujet l'intéressant mémoire de M. E.-H. Boyer de Fonscolombe sur *la Destruction et le rétablissement des bois dans les départements qui composaient l'ancienne Provence. — Mémoires de l'Académie d'Aix,* tome I.

maigres et sablonneuses, les récoltes sont souvent mauvaises, ce qui n'empêche pas les propriétaires de s'y adonner presque exclusivement et les paysans de s'y acharner, même en provoquant les incendies par la manière dont ils se servent du feu dans les écobuages. La suite de notre travail ne le montrera que trop. Par contraire, la vigne réussit à souhait; il y a longtemps qu'elle est réputée donner des vins excellents, et elle pourrait en produire qui rivaliseraient avec ceux du Roussillon, les conditions de sol, de climat et d'exposition étant pour elle les mêmes dans les deux pays. Il y a là toute une grande question d'avenir. Elle se pose plus que jamais, sous le coup de la crise agricole que nous subissons. Malheureusement, il est difficile de vaincre les vieilles habitudes, les capitaux manquent sur place, et il n'en vient point du dehors s'offrir d'eux-mêmes comme dans les Landes où des placements se font en achats de terrains et semis de pins. Que n'a-t-on pas dit contre les chèvres? Ce sont d'implacables dévastatrices; il n'en subsiste pas moins de grands troupeaux qui ont conquis toute leur liberté, hors des bois des communes, depuis qu'elles ne sont pas forcément cantonnées dans les bruyères et broussailles, selon les anciennes prescriptions de la Chambre des eaux et forêts.[1] Quant à la population, elle est peu dense et très insuffisante. Sans le secours des gens de la Haute-Provence et des familles de Piémontais, il serait impossible, loin des villages, de faire exécuter les gros travaux d'hiver, les nettoiements, les plantations.

---

[1] Nous avons traité la question de la police des chèvres, du classement des localités où elles pouvaient être tolérées, dans notre ouvrage : *La Provence au point de vue des bois, des torrents et des inondations, avant et après* 1789 ; Paris, Guillaumin, 1857.

Le nom même des Maures qu'ont gardé ces montagnes, et
qui a perpétué jusqu'à nos jours les souvenirs du long établissement des Sarrasins, les distingue, les caractérise ; on
y trouve un certain fond de mœurs toutes particulières.
Hommes et choses semblaient avoir été voués à un isolement
séculaire, dont les effets se sont plus ou moins maintenus.
Quand on s'éloigne des côtes, des centres habités, des grandes routes, on est perdu dans des vallées inaccessibles, où,
selon l'expression de M. Blanqui, « l'importation d'une
brouette produirait autant de sensation qu'une locomotive. »
M. Blanqui, visitant l'arrondissement de Castellanne, se
croyait transporté chez les Kabyles de la province de Constantine. Les Maures et l'Esterel l'eussent également impres-
sionné, avec leurs solitudes profondes, et il eût retrouvé les
mœurs des Arabes chez les faiseurs de *taillades* ou *usclades*[1].
L'Esterel avait encore, il y a un siècle, la plus triste célébrité ;
il était le refuge des bandes de voleurs et le théâtre de nombreuses arrestations ; de là l'ancien proverbe : *es lou pas de
l'Esteréu.* La justice d'autrefois y avait dressé le lugubre
appareil des fourches patibulaires, dont les vestiges ont sub-
sisté jusque dans ces derniers temps. Elle avait même ordonné d'élaguer le bois, le long de la route, pour la sûreté
des voyageurs. A la fin du xviiie siècle, les incendies s'é-
taient chargés d'ouvrir dans les forêts de l'Esterel des vides
immenses, et depuis lors, si l'on en croit l'opinion publique,
les bergers continuent par le feu l'œuvre du déboisement.

Tel est le pays, au moins dans ses traits essentiels. Le sol,
les bois, les besoins de conservation ou de transformation,
les obstacles venant des hommes et des choses sont connus en substance ; mais, ce qu'on ne connaît pas assez et

---

[1] On verra bientôt ce que signifient ces deux expressions.

ce qu'il nous faut dire, ce sont les causes périodiques, permanentes, d'une destruction qui ne se borne pas à mettre en cendres, toutes les années, des milliers d'hectares de bois, qui menace tous les autres, et en tout compromettant paralyse tout, destruction qui a grandi à travers les siècles. Les Landes ont des forêts de pins maritimes, et dans ces forêts il y a peu d'exemples de grands incendies. Il y a des bois résineux dans les Bouches-du-Rhône, et le feu n'y est mis que par l'imprudence des fumeurs ou des chasseurs. Comme les torrents des Alpes ne ressemblent en rien aux cours d'eau ordinaires, seuls aussi les incendies des Maures et de l'Esterel ont le privilége d'éclater par une sorte de nécessité fatale, sous l'empire de causes exceptionnelles, et de se propager avec une effrayante intensité.

CHAPITRE II.

**Le sous-bois dans la zone granitique. — Nécessité du débroussail-
lement et des nettoiements. — Les issarts et taillades. — Les
incendies et leur marche séculaire.**

La nature a placé non loin l'une de l'autre, à l'est de la
Provence, deux zones de montagnes, où le rôle de la végétation est très différent au point de vue de la conservation
forestière. Celui qui a vu les âpres sommets du Cheyron ou
de Lachens et se trouve en présence des verdoyants mame-
lons que couronne, à Pignans, Notre-Dame-des-Anges, ne
peut manquer d'en être saisi. Là, d'immenses escarpements
de calcaire, avec leurs flancs en décomposition et en démo-
lition, où les érosions des pluies torrentielles ont tout détruit,
les bois, le sol, les plantes ligneuses, où il ne reste souvent
pas le plus petit brin d'herbe. Ici les massifs granitiques,
avec la stabilité de leurs roches argilo-siliceuses, avec leur
sol généralement profond qui semble contenir en lui des
germes inépuisables d'essences buissonnantes presque indes-
tructibles. Le contraste est frappant, et nous insistons à son
sujet, parce qu'on n'en a pas peut-être-assez tenu compte.

M. Surrell montrait, dans son *Étude sur les Torrents des
Hautes-Alpes,* quel intérêt il y avait à protéger et à préserver
même les broussailles, lorsque seules elles consolident les
pentes. « Après les arbustes, disait-il, viendront des arbres,
et la forêt complétera plus tard l'œuvre commencée par de
modestes buissons. » Un savant professeur de l'École fores-

tière de Nancy, M. Mathieu, vient de formuler et de développer les mêmes principes d'expérience, au lendemain
d'une mission dont il était chargé dans les Alpes. [1] Il a
montré la nécessité du broussaillement, pour le succès du
gazonnement. On verra bientôt comment une nécessité toute
contraire, celle du débroussaillement, s'impose à la propriété
boisée dans les Maures et l'Esterel. Sans doute il serait périlleux de trop y dégarnir le sol sur les pentes rapides, et il y
a là, comme ailleurs, des règles élémentaires, évidentes, de
conservation à garder. Mais, en thèse générale, on peut soutenir que l'extraction des morts-bois y est un des premiers besoins, une question même de salut. Longtemps, on n'y a pas
seulement pensé ; le jour est venu où il importe qu'on y
travaille, et qu'à l'impuissance des efforts isolés succèdent
des entreprises communes ou collectives.

Le sous-bois de la zone granitique provençale diffère
peu de celui qui se trouve ailleurs dans les formations géo-
logiques semblables. Il y a la grande et la petite bruyère.
La grande (*erica arborea*) est presque un arbre, de trois à
quatre mètres ; sa souche est énorme, quand elle a une certaine longévité, et fournit un excellent charbon de forge.
Une industrie nouvelle lui a donné un autre emploi, on s'en
sert pour fabriquer des pipes de bois. L'extraction est difficile et coûteuse, et loin des villes les produits ne sont guère

---

[1] Le *Reboisement et le Regazonnement des Alpes* ;—brochure in-8°
de 112 pages, Paris, Hennuyer, rue du Boulevard, 7, 1865.

Ce savant et consciencieux travail devrait se trouver entre les mains
de tous les propriétaires du Midi qui ont de vastes terrains de montagne. C'est une étude qui porte à la fois sur les meilleures conditions où doit s'exécuter le reboisement, et sur les espèces végétales
les plus propres à assurer la restauration des pâturages dans les sept
départements de la Drôme, de Vaucluse, du Var, des Alpes-Maritimes, des Basses et Hautes-Alpes et de l'Isère.

rémunérateurs. On sait que les fleurs de la bruyère sont recherchées par les abeilles, qu'avec les branches et branchages on fait des échalas, des balais, etc......

Les déboisements ont couvert le sol forestier d'essences analogues qui sont doublement un fléau. Elles s'emparent des vides qui se sont élargis dans le cours des siècles, et en deviennent maîtresses , expulsant et étouffant les bonnes essences. Elles sont en même temps, et par-dessus tout, les agents de la plus fatale destruction, celle par le feu.

Chacune d'elles y pullule dans le milieu qui lui convient, et selon les influences qui l'aident à se répandre. La petite bruyère à fleurs roses se montre là d'où a disparu la grande. Les cistes (en provençal, *messugo*) viennent sur les terrains écobués des Maures, comme les genêts sur ceux des Ardennes, et on a observé qu'après quelques années ces terrains en sont entièrement garnis. Ils s'élèvent à plus d'un mètre, leur feuillage remplace le buis comme engrais pour ces populations dont l'agriculture est aussi pauvre que leur industrie pastorale, et ils ont l'avantage de ne jamais être épuisés. L'ajonc ou le genêt épineux est inabordable avec ses branches hérissées de piquants, et dont la hauteur peut n'être pas moindre de trois mètres. Il prospère aux expositions chaudes, il est le triste et dernier occupant des lieux dénudés et arides. La fougère se plaît et se trouve, par contraire, dans les localités exposées au Nord. Nous ne saurions oublier l'arbousier, bien qu'il soit peu inflammable ; c'est un joli arbuste qui couvre les montagnes de l'Esterel et des Maures, où il atteint les proportions d'un arbre et dont la souche rejette, si on ne l'arrache pas.

Au milieu et en-dessous de cette végétation épaisse de morts-bois, il y a souvent des souches de chênes liége, qui semblent *dormir* d'un sommeil séculaire. Les incendies ont concouru à les tenir dans ce misérable état ; le pâturage les a ensuite condamnées à être abrouties et rabougries ; les *taillades* ont fait le reste. Elles vivent néanmoins, et c'est tout ce qui leur est permis, jusqu'au jour où des mains intelligentes les débarrasseront des broussailles qui les étouffent, et, en les recepant, les ressusciteront.

Les plantes ligneuses, telles que les myrtes, les romarins, etc., complètent la série de tant d'essences buissonnantes. D'impénétrables fourrés se créent de la sorte. Il n'est pas facile d'en sortir, quand on y est engagé, et des personnes étrangères au pays s'y sont perdues. Le langage provençal a traduit cette situation par le mot expressif : *s'embouscar* (s'embusquer, s'enfoncer dans le bois). Dans ces amas de broussailles tombent les aiguilles de pins et les feuilles desséchées. Nous avons nommé les aiguilles de pins ; voilà un des aliments les plus redoutables des incendies. Elles s'entremêlent aux cimes des bruyères, aux branchages et rémanents des coupes laissés sur place, amoncelés par les eaux sur les pentes ; elles forment à la surface du sol des couches plus ou moins profondes de combustible. Dans les mois de juillet et d'août, disait un propriétaire soumis au fléau périodique des incendies et qui ne les a que trop observés de près, elles semblent exhaler *une odeur de feu !*

L'état des peuplements, qui sont un fouillis de pins de tout âge, donne encore une nouvelle puissance à cette fatale action du feu. Nous avons exposé par quelles éclaircies méthodiques on rend le gemmage fructueux dans les Landes de la Gascogne. On a soin d'y faire receper très souvent les jeunes recrus de pins maritimes, nés de l'abondante production et de la dispersion de la semence, et cela « autant pour prévenir les incendies que pour garantir les arbres de réserve d'une ombre nuisible à la fécondité de la sève. » Et les Lan-

des n'ont pas l'énorme sous-bois dont les Maures de la Provence sont infestées ! Et on n'y connaît pas la dangereuse et
habituelle pratique des *taillades !* Des incendies cependant
y éclatent parfois. Que sera-ce donc, avec tous les éléments
réunis de destruction, parmi lesquels il ne faut pas négliger
de mentionner notre terrible mistral ? Par des temps calmes,
le feu est toujours à craindre ; mais si de véritables ouragans viennent à se déchaîner, peut-on dire ce qu'il dévorera
et où il s'arrêtera ?

Comment, depuis des siècles, de tels sinistres se sont-ils
produits, sans qu'on ait cherché à les conjurer ? On a cherché ; on a employé pour les prévenir toutes les armes légales.
Par malheur, l'état économique du pays ne permettait guère
alors de faire davantage, et l'intérêt des propriétaires ne
pouvait guère être stimulé, lorsque les bois avaient si peu
de valeur. Mais enfin les mesures préventives ou répressives
empêchèrent beaucoup de mal. Nous avons là-dessus les
documents les plus authentiques, les arrêts et règlements de
l'ancien Parlement de Provence, ceux de la Chambre des
eaux et forêts instituée dans son sein en 1704. Nous les in-
terrogerons. Avant de nous livrer à cette étude, il importe
de suivre les causes et la marche du fléau, de les constater
exactement. Ceux qui persistent de nos jours à revendiquer,
pour la propriété forestière, le droit absolu d'user et d'abuser,
ont coutume d'invoquer la clairvoyance de l'intérêt particu-
lier. Ceux-là ont à expliquer où est, ce qu'a été depuis des
siècles, cette clairvoyance, en présence du fléau endémique
des incendies. Dans un pays où le feu est si à craindre,
l'homme s'est complu à s'en faire en quelque sorte un jeu.

Avant 1789, comme de nos jours, après un incendie, on
devait présumer la malveillance ; et il semblait difficile de
ne pas y croire lorsque le feu avait éclaté le même jour,

presque simultanément, sur des points éloignés les uns des autres. Alors comme de nos jours, on oubliait les écobuages, les taillades, les fourneaux allumés lorsque venait à se déchaîner la violence du mistral. Nous ne sommes pas en mesure d'éclaircir cette question de la malveillance, et nous trouvons dans les notes d'un magistrat de la Chambre des eaux et forêts cette déclaration qui pourrait être celle de nos magistrats actuels : « Il est presque impossible de se procurer le genre de preuves qu'exige la voie criminelle. »

On dénonçait beaucoup autrefois les bergers, des plaintes furent souvent exprimées contre eux, et l'opinion persiste à les rendre en partie responsables des incendies, ce qui ne semble guère croyable avec les transformations qu'ont subies les mœurs. Quoi qu'il en soit, les bergers de l'ancien régime ne paraissent pas avoir été complétement innocents des imputations dont ils étaient l'objet. L'arrêt du 5 février 1706 est significatif : « *Il est défendu à tous gardiens de troupeaux de mettre le feu aux bois, sous peine de punition corporelle.* » Plus tard, le 7 août 1773, le Procureur général disait : « *La licence à laquelle se portent les pâtres et les bergers d'allumer des feux dans les bois, au voisinage des forêts, y occasionne de fréquents incendies.* » On signale l'existence des mêmes habitudes sauvages en Corse. « Quand les bergers de la Corse, raconte M. Clavé,[1] s'installent sur un point, ils commencent par abattre les arbres dont ils ont besoin pour construire leurs cabanes. Puis ils allument du feu au pied d'un pin, pour en creuser la tige en forme de cheminée, et y accrocher leur marmite à faire bouillir le lait. Parfois, ils mettent le feu à la forêt, afin d'avoir l'année suivante un peu d'herbe. »

---

[1] *Les Forêts de la Corse. — Revue des Deux-Mondes*, 15 mai 1884.

L'imprudence proverbiale des fumeurs et des chasseurs est un des plus grands dangers que courent les bois, en l'état de nos modernes habitudes ; on ne respecte plus la propriété d'autrui, on se permet tout, sans souci des conséquences. Mais, dans l'ancien régime, le peuple des campagnes ne fumait pas généralement ; il chassait peu sous l'empire des défenses seigneuriales, et on lui avait interdit le droit de porter des armes à feu.[1] D'où venaient donc les incendies ? Quels en étaient les auteurs ? Il y a deux mots qui se lisent dans l'intitulé ou dans le texte de tous les arrêts : ils expriment ce qu'on a toujours pratiqué dans les Maures et ce qui se perpétue comme une routine, malgré les trop probantes leçons des événements.

Ces mots sont ceux d'*issarts*[2] et de *taillades*. Nous avons décrit ailleurs les *issarts*, les *bois issarts*, c'est-à-dire les vieilles futaies de chêne périodiquement défrichées pour quelques récoltes de blé et où le sol n'est plus forestier que de nom. On sait qu'on entendait de même par là les cultures temporaires pratiquées dans les taillis de chêne vert, et dont le Parlement combattit avec tant de raison les abus. Les *taillades* ont constitué de tout temps une opération beaucoup plus radicale, et ayant également pour but d'obtenir, dans les pauvres terrains de l'Esterel et des Maures, trois récoltes de

---

[1] Déclaration du roi, du 7 mars 1733 ; arrêts du Parlement de Provence, rendus à diverses époques, les 15 janvier 1752, 14 février 1764, 21 novembre 1775, 23 janvier 1777.

[2] *Essarts, issarts*, ou défrichement, mot emprunté à la basse latinité (*exartus, exsartus*), qu'on trouve dans les chartes communales du moyen-âge et, même antérieurement, dans les lois des Burgondes. Telle est l'antique origine de la dénomination *des Essarts*, qu'ont gardée certaines localités et beaucoup de quartiers ruraux ; de là également l'origine de surnoms qui sont devenus des noms patronymiques dans les familles.

céréales. C'est le *sartage à feu courant*, suivi d'un défrichement et exécuté de la manière la plus primitive, la plus an-
ti-forestière. Dans les Ardennes, il sert à régénérer les bonnes
essences,[1] sur des montagnes humides et dont le sol est compacte. Dans les montagnes si chaudes et sur les terrains sablonneux et siliceux du littoral de la Provence, il est la
destruction même organisée; loin de supprimer les morts-
bois, les taillades concourent à les multiplier.

Pauvres défrichements ! tels qu'ont pu seules longtemps
les rechercher et les convoiter des populations misérables,
auxquelles manquaient à la fois le salaire, l'industrie et le sol
cultivable, considérés et obtenus alors presque comme un droit
sur l'immense étendue des bois, hermes et pacages appartenant aux seigneurs.[2] Au sein des montagnes du littoral de la
Basse-Provence, l'habitude jusqu'ici indestructible des *taillades* tient beaucoup à un certain fond de mœurs toutes particulières, laissées par l'invasion et la domination des Sarrazins.
Nous avons dit que, dans certaines vallées reculées, on pourrait
se croire transporté chez les Kabyles. Des explorateurs qui
les ont parcourues, il y a une trentaine d'années, en racon-
tent des détails extraordinaires. Ils s'y étaient trouvés en
présence d'hommes vêtus en peaux de chèvres, parlant un
idiome provençal très altéré, et plongés dans d'étranges su-
perstitions. Non loin des routes séculaires suivies par la
civilisation, près d'une mer et dans le voisinage de ports de
commerce ouverts à tous les échanges d'idées et à tous les
stimulants de progrès, régnait l'ignorance la plus profonde.

---

[1] Consultez. le *Cours élémentaire de culture des bois*, par M. Parade;
4ᵉ édition, Paris, chez Bouchard-Huzard, 1860, pag. 422-429.

[2] Dans les Maures, les terrains défrichés sur le bien d'autrui
s'appellent *Loons*.

Les voies de communication, les influences venues du dehors ont bien modifié ces conditions d'existence, sans triompher de la routine ; le capital y fait encore défaut aux premiers besoins de progrès. Espérons que le jour est proche où il fécondera et régénèrera de si beaux pays. En attendant, il est curieux de signaler dans les Maures les mêmes pratiques que celles observées chez les Arabes.

Cela est si vrai que, pour décrire les *taillades*, il suffira de citer le passage suivant d'une étude récente et très intéressante sur les forêts du Cercle de Collo, dans la province de Constantine.[1] La *taillade* de l'Arabe se nomme *k'seur*, et l'emplacement défriché dans les bois est un *k'sir*.

« Les gros arbres ont été élagués et écimés ; les plus petits ont été recepés avec la broussaille, et tous les débris en ont été répartis sur le sol à peu près également. Cette première opération se fait plusieurs mois avant l'époque des labours. Au moment propice, lorsque la dessication est complète, le feu convertit les remanents en cendres. Le sol qu'elles amendent est légèrement labouré, car les racines ne sauraient laisser pénétrer la charrue, et il est immédiatemen ensemencé. Si la préparation est laborieuse, le rapport est peu satisfaisant. L'année suivante le *k'sir* donne une minime récolte, 1 à 5 fois la semence. » .

Lisez maintenant la description que Darluc traçait, en 1787, pour la Provence : « Les côteaux du golfe de Grimaud sont graveleux et secs de leur nature. On les défriche et on les met en culture ; on fait pour cela des abattis de pins et de cistes que l'on brûle sur le sol, pour semer tout de suite après les premières pluies. Cette pratique, trop gé-

---

[1] *Etudes forestières sur l'Algérie*, par M. Niepce, inspecteur des forêts à Constantine. — *Revue des eaux et forêts,* n^os des 10 et 25 février 1865.

nérale dans les lieux penchants, amène souvent des incendies funestes que les vents propagent au loin.[1] »

Les auteurs des *Observations sur la situation forestière du département du Var*[2] disaient de même en 1862 : « S'il s'agit de taillades, tout ce qui est essence résineuse est exploité. Les morts-bois sont coupés ensuite et laissés sur le sol, ainsi que les menues branches de pins, et quand tout est bien sec on y met le feu. S'il se trouve dans l'enceinte de la coupe des chênes liége apparents, on cherche ordinairement à les préserver... » L'opération n'est, du reste, suivie d'aucun travail pour développer les rejets des souches de chênes enfouies jusqu'alors sous les morts-bois.

C'est exactement ce que font les Arabes. Mais voilà les résultats de semblables défrichements exécutés, sans l'arrachis des souches d'arbousiers et de bruyères, de telle façon que la première année même il faut moissonner au milieu d'une nouvelle végétation de broussailles. « Après plusieurs récoltes obtenues par le Kabyle sur le même terrain, les gros arbres périssent; les racines qui produisaient le taillis ont perdu leur faculté régénératrice et le sol s'est couvert de fougères. Dès lors, le *k'sir* est à peu près perdu pour son propriétaire; il ne sait point se débarrasser de cette plante parasite dont les racines pénètrent à plus d'un mètre, et dont la végétation étouffera à jamais ses cultures.[3] »

La *taillade* de l'habitant des Maures de la Provence devient, comme le *k'sir* de l'Arabe, une lande stérile et en proie aux broussailles. Les cendres des arbres et arbustes

----

[1] *Histoire naturelle de la Provence*, tom. III, p. 281.

[2] Par MM. Henry et Etchegoyen, inspecteur des forêts ; Draguignan, 1862.

[3] *Etudes forestières sur l'Algérie*, de M. Niepce ; *loc. cit.*

brûlés ont pu faire produire au sol trois récoltes ; le brûlis de la terre a l'effet d'un excitant ; « c'est l'engrais de celui qui n'a rien, disait naguère un bon juge, M. Pellicot, président du Comice agricole de Toulon ; mais c'est un engrais qui ruine ou paralyse longtemps le sol forestier. Les chênes liége qui s'élèvent dans ces terres essartées languissent pendant plusieurs années, le sol se refuse aux productions arbustives, la ronce seule semble s'y complaire.[1] »—« Il est peu de culture plus vicieuse que celle de l'essartage, a écrit avec la même conviction M. Laure...; qu'elle se continue, et bientôt ces côteaux de première formation, aujourd'hui si verdoyants, n'offriront bientôt plus que des schistes et des granits, sur lesquels la mousse elle-même ne végètera plus...[2] » C'était l'opinion de M. de Fonscolombe, et il montrait les petits chênes coupés, les jeunes déjà un peu gros ne pouvant résister au feu;[3] et il exprimait combien il serait désirable de remplacer par des cultures fixes ces cultures temporaires, dont on ne peut concevoir l'existence que chez des peuples nomades et instables. Ces cultures temporaires dans les bois des Maures ne pourront, malgré leurs inconvénients, avoir désormais qu'une excuse, elles n'auront une raison d'être que si, limitées à deux ans, faites avec précaution et prudence, et soumises à des règles dont nous nous occuperons, elles ont pour but de faciliter des nettoiements économiques, là où toutes les ressources manquent pour débroussailler les terrains les plus envahis par les morts-bois.

[1] *Echo du Var*, 1er janvier 1865.—Voir aussi le *Traité élémentaire d'agriculture pratique pour le Var*, par le même auteur ; Toulon, 1856 ; pag. 171.

[2] *Guide des cultivateurs du Midi de la France*, par Henri Laure ; Toulon, 1854 ; pag. 51.

[3] *Mémoire sur la destruction et le rétablissement des bois en Provence*, pag. 11.

C'est ici le lieu d'indiquer une opération employée avec succès dans les peuplements réguliers de pins maritimes et de chênes liége, lorsque, les morts-bois n'étant pas trop élevés, il est possible de les brûler à feu courant sans dommage pour les branches des arbres. Connue sous le nom de *petit feu d'hiver*,[1] elle est pratiquée dans une saison où il n'y a pas le moindre danger à craindre. Le feu est cantonné par de larges tranchées, il est dirigé et suivi. Le sol n'est ni ensemencé, ni épuisé, et il n'y a pas pour lui à craindre de ravinements. Les chênes liége ne sont pas sacrifiés à la plus grande production possible de céréales. Mais l'emploi du petit feu est nécessairement très limité dans les forêts résineuses du Var, où des pins de tout âge sont mélangés avec les bruyères. On voit tout ce qui, au double point de vue de la conservation des bois et du sol, distingue ce mode de sartage à feu courant des issarts ou taillades, et surtout leurs résultats si opposés quant aux incendies.

L'incendie est en effet la suite presque fatale de semblables opérations, exécutées dans la saison la plus dangereuse, sans contrôle, sans surveillance ; et la taillade devient facilement une *usclade*,[2] c'est-à-dire que le feu se propage hors de la région qu'on lui livre, et où il n'est pas toujours possible de le cantonner. Pendant les nuits du mois d'août, des lueurs rouges plus ou moins intenses se projettent à l'horizon, au sein de ces montagnes. D'où viennent-elles ? Est-ce d'une taillade ? ou seraient-ce les débuts d'un sinistre ? Darluc nous raconte ce qui se produisait trop souvent au-

----

[1] M. Antonin Rousset le décrit dans sa notice sur la *Culture, l'exploitation et l'aménagement du chêne liége en France et en Algérie*, pag. 7.

[2] *Usclada*, bois ou landes incendiés. — *Dictionnaire provençal-français*, d'Honorat.

trefois comme de nos jours : — « Il faut être en garde contre l'incendie ; malheur à ceux qui laissent quelquefois des
étincelles dans les issarts. J'en ai vu résulter quelquefois de
terribles incendies, que le souffle du vent propage au loin.[1] »

Il y a moins à redouter les étincelles laissées dans les
issarts que le feu souterrain, caché et ignoré au fond de
vieilles souches. Ces souches cariées le conservent, il y couve
longtemps. Les faits prouvent encore la grande part qu'ont,
dans beaucoup d'incendies, les écobuages auxquels les
paysans se livrent dans un nombre considérable de petites
parcelles défrichées et disséminées sur la lisière des forêts.
Là sont établis presque partout des fourneaux, appelés en
langue provençale des *saquieros ;* on y met le feu toujours
avec la même imprudence, en août ou en septembre. —
« Le feu des fourneaux couve très-longtemps, disait naguère M. de Boutiny, maire d'Hyères, au Conseil général
du Var. J'en ai fait l'expérience. Souvent aussi, nos coups
de vent sont précédés de quelques jours pluvieux, aux appa-
rences nébuleuses, dont veulent profiter, dans l'espérance de
la pluie, ceux qui brûlent leurs terres, en sorte que le mistral, en éclatant, rallume ces feux mal éteints. » Quelquefois aussi, les fourneaux sont dressés sur une de ces vieilles
souches qui ne laissent jamais de sécurité, après le brûlement
d'une taillade. Le mistral s'élève, et il les fait fuser en quelque sorte à la surface en tourbillons d'étincelles. C'est le
point de départ, le prologue d'un horrible spectacle ; ceux
qui en ont été les témoins pourront-ils jamais l'oublier ?

Les herbes et feuilles desséchées, les aiguilles de pins,
tant de matières combustibles couvrant d'immenses surfaces, les morts-bois, les bruyères s'allument. La flamme

---

[1] *Histoire naturelle de la Provence*, tome III, page 330.

attisée, fouettée par les coups de vent, semble dévorer l'espace. Après un orage qui a déchaîné les torrents des Alpes,
des trombes d'eau se précipitent, chassant devant elles, avec
le bruit de la foudre, une colonne d'air qui suffit à remuer
et rouler d'énormes blocs de rocher. L'incendie est accom-
pagné de phénomènes analogues, de sifflements, de crépite-
ments ; il est précédé d'un bruissement et d'un grésillement
sinistre. En dehors et au-dessous de la colonne de fumée,
un vaste courant embrasé devance la marche des flammes,
et, jusqu'à cent mètres, les arbres contractant leurs feuilles en
subissent les effets torréfiants. Au milieu de ces déchaînements du feu, des points de la montagne où il est con-
centré de véritables bombes incendiaires partent, volent
des fusées à la congrève ; ce sont les cônes de pins allumés
et détachés des branches. Des flammèches ont été portées
même à deux kilomètres de distance. On l'a vu les 20 et
21 août 1863, dans l'incendie de Collobrières, où le feu tra-
versa comme d'un jet la vallée du Réal-Martin, dont le
fond se trouva de la sorte épargné, pour se propager sur
l'autre versant. La marche de l'incendie est irrégulière, elle
suit celle des coups de vent, et elle ne finit guère qu'avec
eux.

Comment arrêter de tels torrents de flamme, lorsque
toute une montagne brûle, et que les autres sont à la merci
de ces coups de vent ? Quels moyens de défense leur opposer ? Il n'y a pas toujours des ouragans ; des abattis faits à
une certaine distance, des tranchées ouvertes dans les morts-
bois, la terre retournée à la pioche peuvent empêcher la
communication du feu, le cantonner en l'isolant. Par un
temps calme, des escouades d'hommes l'éteignent, en
frappant sur les branches des arbres et des bruyères avec des
rameaux. Mais la violence du mistral frappe d'impuissance

de tels moyens et de pareilles barrières. On emploie alors
un préservatif vraiment héroïque, le même que celui dont
le romancier Cooper a tracé l'émouvante mise en scène, dans
la description des mœurs des trappeurs, au milieu des solitudes de l'Amérique. Il faut avoir le sang froid d'allumer
un incendie qu'on surveille, qu'on dirige, pour en arrêter
un autre. Le feu est mis le long d'un chemin, d'un espace
vide formant une première tranchée naturelle ; deux foyers
s'établissent de la sorte, ramenant les flammes au centre, dans
la direction du courant qu'il s'agit de neutraliser, et qui s'é-
teindra faute d'aliments. C'est ce qu'on nomme d'un mot
très expressif : le *contrefeu*. M. d'Ourches l'a montré employé dans les pignadas de la Gironde,[1] et on s'en sert fré-
quemment dans les Maures de la Provence, selon l'état du
temps et des lieux, comme d'un moyen périlleux, mais
nécessaire, de salut public. Nous reviendrons à la fin de notre travail sur ce sujet, à propos des tranchées de débroussaillement qu'il importerait à un si haut degré d'ouvrir, à
travers les massifs de forêt résineuses, en attendant un
nettoiement général.

On se demande quels sont les effets des incendies dans
les bois mélangés de chênes liège et de pins maritimes. Tout
est-il brûlé et perdu ? Cela dépend de l'intensité du feu et de
sa durée. Lorsque le vent emporte la flamme, celle-ci par-
court plus de surface, il y a moins de dommages. Les chênes liège sont écorcés en juillet et août, précisément à l'é-
poque ordinaire des incendies, et alors l'action du feu sur
le liber leur est fatale ; ils meurent tôt ou tard, ils doivent
être recepés. Quant aux pins, tous les sujets, jusqu'à trente

[1] *Dictionnaire général, raisonné et historique des eaux et forêts,*
par Baudrillart, tome II, page 270.

ans environ, sont détruits. Les arbres de futaie peuvent être accidentellement préservés dans le fond des vallons, grâce à la rapidité du passage des flammes et à l'épaisseur de leur écorce, mais ils forment une exception, et il faut tout couper, avec une perte d'au moins 50 %. Si on laisse passer les pluies d'hiver sur les bois incendiés, les pins sont piqués et ils n'ont plus la moindre valeur.

On a peine à croire qu'au lendemain d'un incendie, le sol puisse se repeupler de lui-même en essences forestières ; et cependant, c'est ce qui se produit d'une manière surprenante, partout où les cônes de pins ouverts par le feu, dispersés par les vents, ont répandu une semence très abondante. On connaît la puissance de drageonnement du chêne liège. « Ses racines latérales, dit M. Parade,[1] tracent au loin et sont disposées à fournir de nombreux drageons. C'est par les drageons que le chêne liège s'est considérablement multiplié dans les forêts incendiées du Var. » Le mal, si grand qu'il soit, est donc réparable : une régénération naît de la force même des choses, si on se livre alors à des nettoiements avec extraction de morts-bois. La première condition est qu'on ferme l'entrée des terrains aux moutons, et surtout aux chèvres. Il y a ruine complète, si, comme cela est trop fréquent, l'incendie éclate de nouveau dans les jeunes recrus de pins, avant qu'ils aient porté de la graine. L'Esterel fut le théâtre de deux grands incendies, en 1838 et en 1840 ; on y comptait 300,000 arbres exploitables, et leur coupe, après les ravages du feu, ne fut vendue que 75,000 fr. En 1854, nouvel incendie qui brûla, sur les mêmes terrains, 3000 hectares. Qu'on juge de l'immensité du mal, tous les moyens de reproduction étant anéantis. Il n'est resté sur bien

---

[1] *Cours élémentaire de culture des bois,* page 64.

dès points que des broussailles. Ainsi on s'explique qu'on ait pu s'alarmer sur les progrès du déboisement, dans des contrées où le sol forestier est si merveilleusement fécond.

Il est intéressant et opportun de recueillir sur un si grave sujet toutes les leçons de l'histoire. Le passé ne nous a pas transmis de statistique des incendies, les documents judiciaires peuvent utilement y suppléer.

Nous y trouvons mentionnées de temps en temps quelques plaintes accusant l'explosion du mal. En 1706, la Chambre des eaux et forêts disait dans le préambule d'un arrêt de règlement : — « Les défrichements et les issarts sont devenus si considérables dans la province, qu'on y a même brûlé des forêts de cinq ou six lieues de circuit. » Le plus souvent les incendies sont partiels et simplement locaux ; on en désigne, décrète et condamne les auteurs, ce sont des faiseurs d'issarts ou de taillades. Voici des noms et des dates attestant l'énergie d'une répression dont il faudra juger toute la portée et les effets : Arrêts du 31 mai 1752, contre Jean Joseph Cauvin, de Cogolin ; — du 5 juin 1752, contre un nommé Broquier, de Carnoules ; — du 23 janvier 1756, contre quelques particuliers du Muy ; — du 27 janvier 1756, contre des habitants des Arcs, de Pignans et du Luc ; — du 29 novembre 1757, contre plusieurs travailleurs du lieu de Callian ; — du 6 septembre 1758, contre Joseph Jourdan, du lieu de Montauroux, etc.....

D'autres incendies semblent s'être étendus sur de plus vastes espaces. Vers 1744, des taillades brûlées à Laverne mettent le feu à une partie du terroir de la Molle [1] ; — en 1764, des forêts de l'Esterel, appartenant à l'ordre de Malte,

---

[1] Les incendies se chargent dans ce pays de marquer sur le sol des sortes d'éphémérides. A cent ans d'intervalle, en 1844, les bois de la Molle étaient encore la proie du feu.

sont détruites..... On voudrait pouvoir étudier la marche
du fléau aux diverses époques, et mettre en parallèle le présent et le passé. Ce serait difficile, s'il y avait à opposer des
chiffres à des chiffres. Mais, en tenant compte des faits dans
leur ensemble, on serait disposé à croire que le nombre, la
fréquence et la gravité des incendies se sont accrus et aggravés de nos jours. On trouvait encore, il y a quarante ans,
dans l'Esterel, des pins maritimes à dimensions énormes, et
tellement énormes qu'il fallait les laisser sur place. Ces arbres
séculaires n'avaient certainement jamais vu le feu.

Nous avons noté l'arrêt qui frappa, le 29 novembre 1757,
plusieurs travailleurs de Callian. N'est-il pas instructif de
constater que le feu a été mis en 1864 à la forêt du même
lieu, et à celles de Bagnols et de Montauroux, par les fourneaux d'un nommé Allary ?

L'incendie de Carnoules, en 1862, a été causé par l'imprudence d'un écobueur. Celui des 20 et 21 avril 1863, qui
a parcouru les terroirs de Carnoules, du Puget, de Collobrières,
de Pierrefeu, a brûlé 6,000 hectares. En 1864, le chiffre
s'élève à 11,000. Sur les sept incendies dont la circonscription de Brignoles a été le théâtre, cinq ont leur point de départ dans des issarts et fourneaux allumés au mois d'août.

Déjà, de 1838 à 1848, d'après des documents officiels,
40,000 hectares de bois avaient été la proie du feu, et la
perte avait été évaluée à 4 millions de francs.

Ces chiffres ne sont que trop probants. Où s'arrêtera
la marche du fléau, si on ne tente contre lui un effort suprême ?

CHAPITRE III.

Régime municipal dans ses rapports avec la conservation forestière, aux diverses époques. — Initiative et intervention provinciale. — Histoire des moyens préventifs et répressifs employés contre les incendies des forêts. — Réglementation administrative des écobuages .— Nécessité de la surveillance.

L'intervention provinciale, pour la sauvegarde et la défense des grands intérêts liés à la conservation de la propriété forestière, se montre dès les premières années du xviie siècle, au sortir des guerres civiles et religieuses. Les bois avaient tellement souffert que l'opinion s'en émut. En 1605, les États de Provence présentèrent une requête au Parlement. Ils lui dénonçaient *« les abus et malversations qui se commettoient journellement par la dépopulation des bois, eyssarts, bruslements et défrichements des garrigues , broussailles et terres incultes, sur les pendants des montaignes ; »* ils exprimaient la crainte que le pays ne se trouvât *« destitué en peu de temps du labourage, pasturage et chauffage. »* Le 20 décembre 1606, un arrêt fit droit à la requête des États ; et, dès lors, il fut interdit aux propriétaires et usagers *« de couper aucuns bois pour les brusler sur les lieux, faire eyssarts pour convertir la terre en labour..... »*

Tel fut le point de départ de toute une législation qu'on peut bien nommer provençale, qui interpréta, qui étendit pour la Provence les dispositions générales des édits royaux, et dont une magistrature formée de grands propriétaires fonciers travailla, pendant deux siècles, à faire adopter et appliquer les règles tutélaires au sein des communes. Nous avons analysé dans une œuvre d'ensemble, mais surtout en vue des Alpes et des débordements des torrents, la substance même de cette législation. Il n'y aura pas un moindre intérêt à écrire un chapitre d'histoire administrative, légale et juridique au sujet des incendies.[1] Les Cours souveraines de l'ancien régime n'exerçaient pas seulement le pouvoir judiciaire ; elles avaient la haute juridiction administrative, la haute police ; leurs arrêts de règlement avaient force de loi. La Provence ne connut jamais l'organisation des maîtrises d'eaux et forêts, et une Chambre créée dans le même but en 1704, d'abord unie à celle des Requêtes, puis à celle des Enquêtes, permit au Parlement de garder jusqu'en 1789 ses attributions en matière forestière.

Nous venons de dire que le Parlement travailla, pendant deux siècles, à établir et même à imposer des règles protectrices pour la police et la conservation des bois. On s'étonnera peut-être de cette invasion du pouvoir provincial dans le domaine communal, et on en sera d'autant plus frappé que la Provence était, par excellence, le pays des libertés municipales. Les communautés d'habitants étaient-elles donc déjà, sous ce rapport, en tutelle ? Libres comme elles l'étaient, sur bien des points, dans leur régime intérieur, ne cessaient-elles de l'être qu'en ce qui touchait le régime forestier ? Si nous

---

[1] Ne pouvant citer ici tous les textes, il nous suffira de dire qu'ils sont empruntés aux mêmes sources que celles indiquées dans notre ravail sur *la Provence au point de vue des bois, des torrents et des tinondations.*

Nous nous sommes servi des documents imprimés ou manuscrits qui font connaître la jurisprudence de la Chambre des eaux et forêts, et nous en ont conservé les décisions.

voulions traiter ici la question, en creusant jusqu'aux sources
d'une histoire trop ignorée, il y aurait à distinguer les
temps et à comparer les époques. Mais, un simple rapprochement suffira pour montrer combien l'ordre forestier, le
plus difficile à constituer en l'état des propensions et des pas-
sions populaires, a trouvé des garanties plus ou moins efficaces dans le concours de l'initiative individuelle, selon le
degré de vitalité des institutions qui donnent un point
d'appui et une règle à cette initiative et tiennent le plus di-
rectement au fond même des mœurs.

Voici un exemple qui est de nature à faire réfléchir. Rien
de plus instructif et de plus probant qu'un *embannement* ou
règlement forestier communal du xive siècle. La ville de
Briançon en délibéra un, le 25 février 1322, en présence du
bailli du Briançonnais, et il faut l'avoir lu, pour avoir l'idée
du remarquable esprit de prévoyance et d'intelligence qui
présidait, en ce temps-là, aux plus petits gouvernements municipaux.[1] Les députés de la communauté s'occupent des
diverses forêts, ils proportionnent leurs défenses et les amendes à l'importance de chacune de ces forêts qui préservent la
ville et le terroir des avalanches, des coulées ou chutes de
neiges et de pierres. Les statuts de Briançon frappaient notamment de peines sévères les écobuages sur les pentes rapides. — « *Le bruslement par nos statuts, aussi bien que
par la loi, estoit interdit fors que de la ramée,* » écrivait
encore, trois siècles après, un avocat briançonnais. Voilà
donc ce que bourgeois et paysans prenaient alors l'initiative
de s'imposer à eux-mêmes, au nom de la sécurité commune

---

[1] V. la très intéressante étude du savant et regrettable M. Fauché-
Prunelle, conseiller à la Cour impériale de Grenoble, sur les *Anciennes Institutions populaires des Alpes Briançonnaises.* — 2 vol.
in-8°, Paris, Dumoulin, 1857.

et d'une solidarité naissant des situations. Ils avaient même organisé parmi eux une garde civique pour exercer la surveillance ; vingt ou trente des principaux habitants avaient juré de remplir ce devoir et d'y mettre toute diligence ; il y a plus, tous ou presque tous les habitants étaient venus se faire assermenter pour la constatation des délits forestiers. Un mémoire de 1769 constate qu'à cette époque « la police des bois était toujours observée rigoureusement ; car de cette sévérité, disait-on, dépend leur conservation. » — « *La situation du Briançonnais, l'intérêt des habitants et le bien du service du Roi*, poursuivait l'auteur, *exigent que la police et l'économie des bois soient entièrement confiées aux officiers des communautés qui y ont le plus grand intérêt et qui sont plus à portée d'y veiller.* » A la différence de ce qui se produisait ailleurs, les populations de ces hautes vallées alpestres avaient, encore en 1789, le privilège et l'honneur de maintenir dans leur sein toute la vitalité de leur antique organisation municipale.

On sait ce qu'il en est aujourd'hui et ce que seraient devenues les dernières parcelles de bois, si elles n'avaient été protégées par l'infatigable énergie et le dévouement trop peu apprécié de l'administration forestière. On sait quelles hostilités inintelligentes, provenant de l'égoïsme de *quelques* intéressés, soulève dans beaucoup trop de communes la soumission des terrains au régime forestier. C'est le fléau moral de notre temps, il a sa cause dans la désorganisation des familles et dans celles des communes rurales.[1] Nous con-

---

[1] Consult. sur ce point un livre qui offre l'analyse la plus profonde des faits sociaux de notre temps : — LA RÉFORME SOCIALE EN FRANCE, *déduite de l'observation comparée des peuples Européens*, par M. Le Play, conseiller d'État et commissaire général des expositions universelles de 1855 et de 1862.—2 vol. in-8°, Paris, H. Plon, 1864, tom. 2, p. 509.

centrons ici nos observations sur le mal des incendies. Bornons-nous à poser à ce sujet une simple question : — Où serait aujourd'hui le maire d'une commune rurale de l'Esterel et des Maures qui voudrait braver l'impopularité, en sévissant contre cette déplorable habitude de défricher les bois en y allumant des incendies ? C'est ce qu'exprimait naguère un bon juge, M. Pellicot, président du Comice agricole de Toulon :

« Dans l'intérêt du sol forestier, je voudrais que dans tout le Midi fût adoptée la mesure appliquée par l'honorable M. de Boutiny, maire d'Hyères, dans le territoire de sa commune où, de mai jusques aux pluies d'automne, il est expressément défendu de brûler et d'écobuer auprès des bois. Combien de maires désireraient étendre cette mesure au terroir de leur village, que la crainte seule d'indisposer les populations retient, et dont la faiblesse ou la fatale tolérance cause, tous les étés, les effets les plus désastreux dans les Maures ! Il appartient à l'autorité supérieure de prendre l'initiative. Les maires ne seront plus responsables aux yeux des populations. [1] »

Le pouvoir provincial a donc, plus que jamais de nos jours, pour tout ce qui intéresse la conservation des forêts, une mission naturelle et nécessaire à remplir, dans sa sphère et avec les attributs qui lui sont propres, là où les pouvoirs locaux sont condamnés par l'infirmité même de l'organisme social à une trop évidente insuffisance. Le besoin de son intervention s'était fait sentir en Provence, dès les premières années du XVIIme siècle ; nous allons bientôt raconter comment elle se manifesta dans les communes, et elle n'a cessé de grandir depuis lors. En Suisse, pays de libertés ré-

---

[1] *Écho du Var*, 1er janvier 1865.

publicaines, les Conseils cantonaux ont été obligés de remplir le même rôle. [1] Nos Conseils généraux ont par consé-
quent, non moins que les préfets, une mission d'initiative,
d'influence, qui se justifie d'elle-même et qu'ils ne sauraient
trop exercer. Ils sont les représentants éclairés et ils doivent
être les guides de l'opinion publique. Le Conseil général du
Var s'est distingué par l'intelligence et la persévérance de
son concours pour la défense des bons principes d'économie
forestière. Les rapprochements entre le passé et le présent
sont très instructifs. Nous en avons fourni un exemple. Il y
en a un autre qui vaut la peine d'être mis en relief.

On a lu la requête adressée en 1605, au Parlement, par
les États de Provence. Qu'on lise maintenant ce qui était dit
en 1864, à deux cent soixante ans d'intervalle, dans le
Conseil général du Var :

« Les ravages des incendies de cette année dépassent de
beaucoup ceux de l'année dernière; 11,000 hectares de forêts
ont disparu. Lorsqu'un tel fléau peut recommencer, le salut
du pays oblige; il est impossible de ne pas chercher à prendre
des mesures efficaces qui puissent, au moins, diminuer les
chances de ces terribles dévastations.

« Sous notre climat brûlant, avec nos longues sécheresses,
nos bois deviennent si inflammables qu'une étincelle suffit
à la lettre pour les allumer. La bourre d'un chasseur, d'un
braconnier, l'allumette d'un fumeur peuvent être des causes
d'incendie sans doute; mais ces causes fortuites sont infini-
ment moins dangereuses que ces feux allumés avec la plus
sauvage insouciance, au milieu des bois ou sur leur lisière,

---

[1] Il n'est pas sans utilité de voir dans les règlements cantonaux
toutes les garanties données à la conservation forestière. Nous signa-
lerons *la Loi sur les forêts du canton de Vaud*, du 12 juin 1835 ; le
Regolamento forestale per il cantone de' Grigioni, 26 giugno 1858.

pour des écobuages, pour de misérables défrichements appelés *issarts*, qui sont déjà bien assez destructeurs par eux-mêmes sans y ajouter l'immense péril du feu.....

« Il est inouï que, lorsque les intérêts individuels peuvent si gravement compromettre tant d'autres intérêts, ils ne puissent s'imposer d'eux-mêmes la moindre gêne.

« Car enfin, il n'y a aucune nécessité, au point de vue même de ces petits intérêts d'écobuage et de culture dans les issarts, à brûler les fourneaux dans la saison sèche. Ils peuvent très bien être préparés en été, pour n'être allumés qu'en automne, après les premières pluies. Cela se pratique maintenant dans quelques bois de la commune d'Hyéres. Ces cultures peuvent ainsi être faites en temps opportun, et elles n'exposent plus les bois aux cruelles chances d'incendie.....

« Ainsi, Messieurs, si j'ai pu vous faire partager l'intime conviction que l'expérience m'a donnée du danger des écobuages, des feux quelconques allumés en été dans les bois ou dans leur voisinage, comme le prouvent trop les incendies de ces deux années, il appartient au Conseil général, représentant et défenseur des intérêts agricoles, de la fortune publique, d'exprimer fortement le vœu que l'administration supérieure prenne telles mesures ou fasse telles démarches qu'elle jugera utiles, *pour faire interdire absolument d'allumer aucun feu, du 15 mai au 1er octobre, dans tous les bois.* »

Celui qui tenait ce langage, M. de Boutiny, avait qualité et autorité pour demander l'extension à toutes les communes de la mesure dont il avait pris l'initiative, pour les bois du terroir de la commune d'Hyères. Le Conseil général a répondu à l'appel qui lui était fait au nom d'un si grand intérêt public, et le préfet du département, M. Montois, a sanctionné par un arrêté le vœu émis.

Désormais, en vertu de l'arrêté préfectoral du 13 octobre 1864, *il ne pourra être procédé à aucun écobuage, pendant les mois de juin, juillet, août et septembre, à une distance moindre de 200 mètres de tous les bois peuplés d'essences résineuses ou dont le peuplement est mélangé de ces essences.* — N'est-il pas intéressant de rapprocher les situations et les époques ? Au lendemain de crises révolutionnaires et destructrices, un mouvement d'opinion pour la propriété forestière a éclaté au xviie siècle, et il se renouvelle sous nos yeux par les mêmes causes, par l'effet des mêmes besoins. Il est sans doute très utile qu'on reboise les montagnes, partout où l'intérêt public l'exige ; mais, qu'on ne l'oublie pas, et nous ne saurions trop insister sur ce point : il importe, avant tout, de conserver ce que l'on a.

L'ordonnance de 1669 (tit. xxvii, art. 32), avait pourvu à cette conservation, à la préservation du fléau des incendies, en défendant à toutes personnes d'allumer du feu, *en quelque saison que ce fût,* dans les forêts, landes et bruyères. L'article 148 du Code forestier de 1827 a maintenu la prohibition : — « Il est défendu de porter ou allumer du feu dans l'intérieur ou à la distance de 200 mètres des bois et forêts, sous peine d'une amende de 20 à 100 francs..... » Voilà les prescriptions légales ; elles ne sont pas absolues, et elles n'excluent pas une certaine *tolérance* à l'égard de l'agriculture. Toutefois, l'on s'étonne qu'elles aient été si mal appliquées, surtout dans les forêts résineuses de la Provence, et que, cédant à des sollicitations trop intéressées, on ait même à diverses époques autorisé de les violer. Il n'y a pas de tolérance possible, là où le fait d'un seul peut occasionner la ruine de tous. Le 6 août 1834, une décision ministérielle ne permit-elle pas les écobuages des terrains, à quelque distance qu'ils fussent des bois soumis au régime forestier ? Il est vrai qu'une autre décision, en date du 27 septembre 1839, prohiba les essartages et les écobuages pendant les mois de juin, juillet, août et septembre, en les circonscrivant dans le rayon déterminé par l'article 148. Mais, il n'est pas moins établi que, de 1831 à 1839, toute barrière et tout frein disparurent, et c'est pendant cette période qu'ont éclaté les plus grands incendies.

En 1841, et en suite d'un arrêté ministériel du 14 juillet, les écobuages furent réglementés pour les bois soumis au régime forestier. La tolérance fut encore maintenue pour les bois des particuliers, et les incendies continuèrent à se propager avec une toute puissance fatale. Des plaintes très vives furent exprimées au Conseil général du Var, le 28 août 1861, sur ce qui se produisait dans les Maures et l'Esterel : — « Là, disait le rapporteur, c'est par l'incendie qu'on procède, et un procès-verbal vient de le prouver cruellement. Ce procès-verbal constate plusieurs incendies sur les territoires de Bormes et de Collobrières, il y a peu de jours, et cela par la faute des paysans, et surtout par la faiblesse des autorités locales et le peu de sévérité de l'administration forestière. [1] » Le Conseil général demandait la plus rigoureuse observation des lois et règlements.

L'arrêté préfectoral du 13 octobre 1864, bien et scrupuleusement exécuté, remédiera à cette situation. L'autorisation spéciale donnée par le préfet fixera les mêmes conditions pour les bois des particuliers que pour ceux des communes : les fourneaux ne pourront être allumés dans les mois de juin, juillet, août et septembre ; ils devront être placés à une distance qui éloigne tout péril de la forêt ; le feu n'y sera mis que par un temps calme, et, enfin, le garde du triage sera

[1] *Procès-verbaux des délibérations*, 1861, pag. 167.

toujours prévenu 48 heures avant. L'autorisation ne sera valable que pour la durée d'une année.

Nous ne saurions trop applaudir à ces mesures préservatrices. Sont-elles encore suffisantes? N'y aurait-il pas à exiger des précautions toutes naturelles, voulues par la force même des choses? L'expérience faite en Corse, où les abus de l'écobuage dans les makis n'entraîne pas moins de sinistres, a déterminé un nouvel arrêté préfectoral du 11 juillet 1862,[1] qui prescrit, entre autres conditions, d'*ouvrir autour du makis, avant d'y mettre le feu, une tranchée large de 4 mètres au moins.* — « Cette tranchée, dit l'arrêté, devra être bien nettoyée de toute matière propre à communiquer l'incendie. » Il y a plus : « *Le propriétaire est tenu de faire surveiller le feu, pendant toute sa durée, par un ouvrier au moins par deux hectares.* »

L'administration ne peut que prévenir, et l'article 148 du Code forestier a ce seul but. La répression pour le fait d'incendie est du domaine du Code pénal. Il importe qu'elle soit sérieuse et efficace. Interrogeons encore, sur ce point, l'ancienne législation et la jurisprudence provençale.

L'incendie prémédité était frappé, autrefois comme de nos jours, d'une pénalité très sévère : les galères à vie. Mais, il y a peu d'exemples de semblables condamnations. Dans le grand nombre d'arrêts rendus contre les incendiaires, on ne voit qu'une cause bien connue, bien constatée : les *issarts* ou *taillades*, les écobuages.

Comment procédait-on devant la Chambre des eaux et forêts? Nous résumerons ici toute une enquête historique et juridique. Il y avait quelquefois un simple décret d'ajournement, mais le plus souvent décret de prise de corps. Le

---

[1] *Recueil des actes administratifs du département de la Corse,* 1862, pag. 123.

décrété de prise de corps était gardé en prison jusqu'à ce qu'il eût été interrogé ; puis, il était élargi en consignant une somme d'argent ou en donnant caution, ce qui n'avait lieu d'ordinaire qu'après une information complète.

La peine variait selon les circonstances ; elle était pécuniaire ou corporelle.

La peine pécuniaire était en harmonie avec le caractère fiscal de la plupart des pénalités de l'ancien régime, et cette fiscalité a laissé jusques dans ces derniers temps son empreinte dans le nouveau Code forestier. Mais le condamné pour le fait d'incendie ne pouvait autrefois lui échapper ; il était détenu en prison jusqu'à payement de l'amende et des frais de justice. C'était le seul moyen de tenir en respect des individus misérables et généralement insolvables. La peine pouvait aussi frapper plus haut, elle atteignait les propriétaires dans les forêts ou les terrains desquels s'exerçaient les écobuages. Alors comme aujourd'hui, et plus encore, les marchés faits avec les *routiers* et *tasquiers* étaient très communs : moyennant une redevance très variable en grains, de pauvres paysans se livraient de la sorte à une industrie misérable et destructrice, et les grands propriétaires de l'époque se souciaient peu des conséquences, en touchant les prix de ces défrichements. N'y avait-il aucune responsabilité pour ces derniers ?

La question est d'un intérêt de premier ordre, et n'écrivant pas ici un traité sur la matière, au point de vue légal, nous nous bornons à fixer sur elle l'attention des juristes. Nous devons exprimer ici le souhait que les tribunaux ne maintiennent pas une jurisprudence regrettable, en vertu de laquelle le propriétaire instigateur ou complice de la violation de la loi, ayant bénéficié de cette violation, n'encourrait pas la

responsabilité civile à laquelle échappe le paysan insolvable. [1]
La jurisprudence de la Chambre des eaux et forêts nous offre
un exemple de la responsabilité civile encourue en pareil cas
par le propriétaire. [2] — A la suite de l'incendie qui avait
brûlé, vers 1744, une partie des bois de la Molle, les auteurs
des issarts et taillades, dont le fait avait produit le sinistre,
furent condamnés à 1200 livres d'amende. Mais l'économe
de la Chartreuse de Laverne avait autorisé les issarts ; l'exécution fut faite contre le monastère, et les Chartreux se ré-
servèrent tous droits à l'égard des condamnés (arrêt du
30 mars 1746).

La condition mise aujourd'hui aux permissions d'écobuages aura les effets de cette jurisprudence. Elle fait porter
la responsabilité sur le propriétaire, en cas de dommages,
soit que celui-ci exécute l'opération lui-même ou la fasse
exécuter par des tiers. En Suisse, la loi sur les forêts, dans
le canton de Vaud (article 232), défend de faire du feu dans
les bois , sans l'autorisation du propriétaire constatée par
écrit, même au cas où la prohibition générale est levée.

La Chambre des eaux et forêts n'appliquait pas seulement
des peines fiscales. La faute pouvait être grave, s'il y avait
récidive ; on ne trouve que trop dans les communes des
hommes dangereux et incorrigibles, fléau de tout un pays.
C'est sans doute, contre cette classe d'incendiaires, que nous
voyons prononcée par plusieurs arrêts la peine du bannisse-
ment. L'individu était banni pour deux ou trois ans de sa com-

---

[1] La question a été traitée par le savant M. Meaume, dans son
Commentaire du Code forestier, tom. II, n° 1031.

[2] L'ordonnance de 1669 (titre XXVII, article 32), avait étendu la
responsabilité civile jusqu'aux communautés et autres qui avaient
choisi les gardes. Cette responsabilité était encourue, soit lorqu'il y
avait eu du feu allumé dans les forêts, soit lorsqu'un incendie avait
produit des dommages.

mune, et il lui était spécialement interdit d'entrer dans les forêts où il avait mis le feu.—On avait usé en Languedoc de moyens d'intimidation et de répression bien plus énergiques. Un arrêt du 12 octobre 1756 avait ordonné que, dans le cas où les auteurs des incendies ne pourraient être découverts, tous les bergers des communautés, dans le terroir desquelles étaient situés les bois brûlés, seraient condamnés solidairement à payer le dommage, et de plus une amende de 300 livres ; sauf à ces bergers de déclarer qui avait mis le feu.

Nos mœurs ne comportent plus de telles pénalités ; mais on est surpris que, dans la réforme de 1859, modifiant le caractère trop exclusivement fiscal et généralement illusoire de plusieurs pénalités forestières, les articles 148 du Code forestier et 458 du Code pénal n'aient pas été l'objet d'une révision commune. L'article 148 punit d'une amende de 20 à 100 francs le fait de porter ou allumer du feu dans l'intérieur des forêts *ou à la distance de* 200 *mètres*.—L'article 458 du Code pénal frappe d'une amende de 50 à 500 francs, sans préjudice des dommages-intérêts, le fait d'incendie causé par des feux allumés *à moins de* 100 *mètres des forêts, bois et bruyères.* — Il y a une anomalie évidente et choquante dans ces deux fixations de limites. Là où il y a un dommage, et souvent quel dommage ! la loi est moins exigeante que lorsqu'il s'agit de faire respecter une défense dont le but est purement préventif. Des fourneaux peuvent être allumés au-delà des 100 mètres fixés et produire l'incendie ; la disposition pénale de l'article 458 sera inapplicable, et l'amende de 20 à 100 francs portée par l'article 148 du Code forestier constituera la seule répression. Cette différence, dans les textes, ne s'explique que par celle des dates pour les deux Codes.

Depuis longtemps, il était trop certain que des peines pé-

cuniaires touchent peu des délinquants insolvables, surtout
quand ils ont appris à ne plus craindre la justice. La loi de
1859 a remédié au mal, elle a ajouté aux peines pécuniaires
celle de l'emprisonnement, en laissant au magistrat la faculté de prononcer ou non cette dernière. Les cas où l'emprisonnement peut être appliqué se limitent à des dispositions et prohibitions d'un intérêt bien moindre que celui dont
nous nous occupons. Le fait d'extraire, sans y être autorisé,
des pierres, sables, minerais, terres, gazon, herbes, bruyères, etc..., celui-là et autres ont leur importance et doivent
être punis. Mais, que sont-ils, si on les compare à ces faits
permanents d'incendie? On serait plus sévère pour un arbre
coupé que pour la destruction d'immenses forêts... ! Est-ce
possible ? Oui, il en est ainsi : l'article 148 du Code forestier n'est pas au nombre de ceux où la peine de l'emprisonnement a été introduite.

Aurait-il été oublié ? Non; car la commission du Corps
Législatif voulait le comprendre dans le projet de réforme,
et voici pourquoi il a été écarté : « Le gouvernement, disait
le rapporteur, M. Lélut, a admis la peine de l'emprisonnement dans les articles où nous l'avions placée. Il n'en a
excepté qu'un seul, l'article 148. Il est question, dans cet
article, de la peine infligée à ceux qui portent ou allument
du feu à l'intérieur ou au voisinage des forêts. Or, en pen-
sant aux nombreux dangers d'incendie que font courir aux
forêts les feux qu'y allument les maraudeurs et les bergers,
il nous avait paru que cet article pouvait bien, lui aussi,
porter l'addition facultative, c'est-à-dire la menace de un
à cinq jours d'emprisonnement. Le Conseil d'Etat n'a pas
adopté notre proposition. La principale raison de ce rejet a
été, pour lui, le rapprochement qu'il a fait de cet amende-
ment avec l'article 458 du Code pénal, qui prononce con-

tre des dangers non moins graves la simple peine de l'a-
mende.[1] »

Il faut déplorer qu'un tel motif n'ait pas été levé par la
réforme de l'article 458 du Code pénal. Dans les conditions
exceptionnelles où se trouvent les forêts des Maures et de
l'Esterel, les magistrats devraient être armés de pouvoirs
exceptionnels. Et on les désarme ! Ils sont impuissants presque toujours, et les propriétaires, lassés de voir leur bois
dévorés par le feu, n'ont plus qu'une ambition, celle de
livrer les terrains incendiés au pâturage ! Un d'eux nous
l'exprimait, après avoir été victime d'un nouveau sinistre.
Il calculait ce que ses terrains pouvaient rapporter en y
mettant les chèvres, et, en présence d'incendies réitérés qui
avaient détruit tout un capital accumulé par l'épargne, il se
demandait comment la loi, impuissante à le protéger, serait
fondée à lui interdire le seul mode possible de jouissance.

Il y a là de quoi éveiller la sollicitude du législateur ; car,
si on excepte les forêts communales, la loi est d'un autre
côté bien insuffisante par elle-même à protéger contre la
dent du bétail les bois incendiés. Il est vrai que la jurisprudence assimile à un défrichement la transformation du sol
forestier et sa destruction par le pâturage, lorsque l'entrée
du troupeau n'est évidemment opérée que dans ce but. Mais,
une jurisprudence vaut-elle un texte de loi ? Les propriétaires sont-ils tous prêts à s'incliner devant l'autorité d'un ou
de deux arrêts rendus par des tribunaux étrangers au pays
qu'ils habitent, et pour des faits qu'ils ignorent? Les surveille-
t-on même assez sous ce rapport? Et les agents forestiers

---

[1] *Rapport fait au nom de la commission par M. Lélut, député au
Corps Législatif.* — Annexe au procès-verbal de la séance du
26 avril 1859.

poursuivent-ils tous ceux qui, après un incendie, livrent leurs montagnes aux chèvres ? Autrefois, il y avait une prohibition formelle, pour les propriétaires et les usagers, d'introduire le bétail pendant cinq ans, dans les terrains incendiés ; et l'expérience qu'on avait faite de l'efficacité de cette prohibition avait porté les magistrats, en Provence, à l'étendre au terme de 10 ans (arrêt du 31 mai 1763). Le bétail était confisqué en pareil cas ; l'amende, qui était de 100 livres, fut élevée à 500 à la fin du xviiie siècle. Ces défenses étaient peu du goût de certains propriétaires ; mais, en compensation, elles étaient une sauvegarde contre les incendies.

Ce qui s'est produit en Corse, depuis quelques années, fournit un exemple non moins décisif. Les grands incendies qui désolaient les forêts de la Corse [1] étaient le fait soit des bergers, soit des écobueurs, ou provenaient de la malveillance. Un arrêté préfectoral a interdit, pendant cinq ans, le parcours des forêts communales, ainsi livrées au feu, et il n'y a presque plus eu de sinistre. M. Niepce constate qu'en Algérie « la même interdiction est une répression plus efficace, pour l'Arabe, que l'amende quadruple de l'impôt. »

Que faut-il en conclure pour les Maures de la Provence, où les causes séculaires des incendies viennent des taillades et issarts ? Deux nécessités apparaissent évidentes : — protéger les propriétaires par une loi et une surveillance plus efficaces, protéger les terrains incendiés et faire de la prohibition du parcours un frein.

---

[1] En 1861, dans l'espace de quelques mois, trente-trois incendies ravagèrent plus de 4,000 hectares de bois, et causèrent tant à l'Etat qu'aux communes un dommage de plus de 1,200,000 fr. — *Circulaire de M. le Préfet de la Corse aux maires du département,* 11 juillet 1862.

Nous avons parlé de l'action souveraine de la Chambre des eaux et forêts sur les communes ; c'est ici qu'il convient de montrer comment, et au prix de quels efforts, fut créée une police forestière, lorsque les pouvoirs locaux ne suffirent plus à l'organiser eux-mêmes. Nous grouperons brièvement et simplement bien des détails peu connus.

L'action de la Chambre s'exerçait avec une grande autorité morale, et les règlements généraux étaient publiés avec une solennité de nature à impressionner les populations. On semblait vouloir leur inspirer, leur inoculer, leur imposer même la crainte salutaire du feu.

Ces règlements généraux, qui ne préjudiciaient pas aux règlements forestiers locaux délibérés par les Conseils, devaient être transcrits dans les registres de la commune, et lus, chaque année, du moins en substance, lors des élections municipales, en présence de tous les chefs de famille. Le greffier encourait une amende, s'il manquait à effectuer la transcription et la lecture. Chaque année encore, le garde était tenu d'en faire une criée publique, le 1er octobre. Des placards, dont nous avons trouvé de nombreux exemplaires dans les liasses de vieux papiers, étaient affichés à l'entrée du village, à la porte de la maison commune. Les condamnations, prononcées contre les auteurs des incendies, étaient de même affichées et placardées au lieu de leur habitation. Des arrêts de la Chambre avaient rendu les consuls responsables de leur négligence. C'est par eux que la surveillance s'exerçait, par eux seuls qu'on pouvait faire la police, en des temps où la centralisation n'avait pas encore créé le mécanisme administratif si puissant qui existe aujourd'hui.

La surveillance, voilà quel était en effet le nœud de la question dans l'ordre pratique. A quoi bon publier et afficher des arrêts qui ne seront pas exécutés ? Que signifient des textes de loi à l'état de lettres mortes ? Ne donnons pas à l'ancien régime forestier provençal la gloire d'avoir obtenu sous ce rapport tout ce qu'il eût fallu. Mais, quand on considère les difficultés à vaincre et dont il triompha, on est émerveillé, et on se demande si nous avons beaucoup progressé.

Il y avait à établir partout des gardes, à les rendre obligatoires pour les communes. Des arrêts y pourvurent, même pour les communautés ecclésiastiques, et ordonnèrent que, si les consuls tardaient à les instituer, les juges royaux ou les juges gruyers les commettraient de leur autorité. Au cas où l'on ne trouvait personne pour en faire les fonctions, on devait les nommer au suffrage universel. C'est avec l'assistance de ces gardes-bois que les consuls effectuaient, deux fois l'an, leurs tournées forestières. L'arrêt du 7 août 1773 leur imposait notamment de veiller à la défense d'allumer du feu dans les bois, à la protection des bois incendiés.... Consuls et gardes étaient taxés pour leurs visites, et ces taxes étaient mises au bas des procès-verbaux. Pour dédommager les communes des frais, on leur attribuait la moitié des amendes prononcées à raison des contraventions signalées. Enfin des consuls furent quelquefois décrétés, pour avoir eu trop de tolérance, ou, lorsqu'un incendie avait éclaté, pour n'avoir pas fait toutes les diligences possibles en organisant des secours. [1]

Ce qui était difficile alors semblerait devoir être aujourd'hui d'une facilité presque incomparable, tant certains obstacles se sont aplanis. Tous les propriétaires sont intéressés

---

[1] Aujourd'hui, l'article 475, § 12 du Code pénal frappe également d'une peine ceux qui, le pouvant, refusent de porter secours en cas d'incendie, et il arme, sous ce rapport, les maires ou les autorités supérieures d'un droit de coercition.

à y concourir ; tous les membres des conseils municipaux, tous les maires surtout ont à sauvegarder des forêts qui sont le patrimoine si précieux des communes. On a bien organisé des syndicats contre les débordements de l'eau, pourquoi n'en créerait-on pas contre les déchaînements et les surprises du feu ?

Il y aurait beaucoup à dire sur l'organisation de la surveillance, et sur les difficultés qu'elle rencontre. On a depuis longtemps signalé combien les gardes communaux sont insuffisants et mal payés. Le témoignage de M. le Préfet du Var exprime et caractérise cette situation : — « Les traitements des gardes communaux, disait-il au Conseil général, en 1864, sont encore loin d'être suffisants, pour permettre à ces préposés de consacrer tout leur temps à la surveillance des forêts. Ils exercent généralement une industrie à laquelle ils s'adonnent de préférence, et dont le produit est indispensable pour leur créer des moyens d'existence. La dignité de l'administration, et surtout l'intérêt de la conservation des bois communaux, exigent que cet état de choses soit modifié. J'ai lieu d'espérer que vous voudrez bien vous unir à moi, pour engager les communes à rétribuer convenablement leurs gardes. En décernant à ces agents une position indépendante, la surveillance des forêts communales deviendra active et efficace, elle paralysera dans une certaine mesure les effets de ces incendies qui, en quelques jours, détruisent tant de richesses. »

Disons-le encore une fois : les rapprochements entre le passé et le présent ne sont-ils pas instructifs et opportuns ? On croit que le monde d'aujourd'hui diffère beaucoup du monde d'autrefois ; et cependant, si peu qu'on creuse au fond des mœurs, des nécessités d'existence, des difficultés pratiques, on trouve, sous bien des rapports, les mêmes problèmes à résoudre.

La surveillance des gardes dans les bois des Maures et de l'Esterel est la condition même de leur préservation. Plusieurs incendies ont été éteints, en 1864, par des ouvriers qui travaillaient en forêt. L'essentiel ici, plus qu'ailleurs, est d'arriver à temps. Nous avons déjà cité l'exemple de la Corse. Les grands incendies des forêts commencent à y être très rares. On a vu quelles mesures ont intéressé les populations à les prévenir et à porter immédiatement des secours, quand ils éclatent. Mais aussi, et en même temps, la plus active surveillance a été exercée par la gendarmerie, les préposés forestiers et les gardes-champêtres. En Corse (et nous parlons de ce qui s'est produit récemment en 1864), tous les incendies ont été éteints, avant de s'être propagés au loin.

Ce n'est pas tout que de surveiller ; il faut encore mettre les forêts elles-mêmes en état de défense. A l'intérêt de préservation doit se joindre le nécessaire et puissant mobile de l'intérêt économique.

CHAPITRE IV.

Intérêt économique de la question. — Comment il doit stimuler à réparer les fautes du passé, à organiser une action collective contre les incendies. — Avenir du chêne liège. — Procédés et modes de nettoiements. — Repeuplements. — Expulsion des chèvres et création de pâturages. — Le pin maritime et le châtaignier. — Tranchées à établir pour diviser les massifs.

Il n'est pas moins utile d'étudier la question forestière dans le passé, sous le rapport économique, qu'au point de vue des mesures de défense légale et de réglementation administrative. Seulement on est témoin d'un spectacle très différent. Qu'on lise ce que Buffon écrivait en 1774, dans un mémoire adressé à l'Académie des Sciences : — « Il serait naturel de penser que les hommes ont donné quelque attention à la culture des bois ; cependant rien n'est moins connu, rien n'est plus négligé. Le bois paraît être un présent de la nature, qu'il suffit de recevoir tel qu'il sort de ses mains... On ignore jusqu'aux moyens les plus simples de conserver les forêts et d'augmenter leurs produits. »

Voilà où l'on en était à la fin du XVIIIᵉ siècle, et cependant Duhamel avait commencé à publier, depuis 1755, ses immortels travaux.[1] Serions-nous bien venus à accuser l'i-

---

[1] *Des arbres et arbustes qui se cultivent en France*, 1755 ; — *Des semis et plantations des arbres*, 1760 ; — *De l'exploitation des bois*, 1764.

gnorance et la routine du passé, lorsqu'on voit où nous en sommes encore nous-mêmes, après un siècle qui a fait faire de si grands pas à toutes les sciences naturelles, et transformé par l'industrie le monde matériel ? Pourquoi tant de moyens d'instruction et de publicité ont-ils si peu servi aux progrès de l'art forestier, au développement de l'économie forestière, c'est-à-dire à la diffusion des connaissances les plus nécessaires pour l'administration la mieux entendue des forêts ? La cause n'en serait-elle pas dans la persistance des mêmes mœurs ? La propriété forestière bien constituée, bien aménagée chez les peuples stables et prospères, doit subir plus que toutes les autres les conséquences de la désorganisation morale, là où l'instabilité en permanence porte les individus « à placer leur capital à fonds perdu ou à le consommer immédiatement en jouissances égoïstes,[1] » détruisant les principes de solidarité qui lient entre elles les générations. Veut-on, sur les contrées dont nous nous occupons, le témoignage d'un observateur provençal de la fin du xviiie siècle ? On jugera si Buffon disait vrai, et si les lois peuvent suppléer aux mœurs, quand celles-ci se corrompent. Une monographie spéciale à une zone déterminée offre le cadre le plus propre à mettre en relief la vérité des faits.

Le déboisement était déjà considérable en Provence à la fin du dernier siècle, si l'on en croit des plaintes on ne peut plus vives, exprimées dans de nombreuses publications. La *Société d'agriculture*, créée à Aix vers cette époque, voulut ouvrir une sorte d'enquête ; elle invita tous les citoyens à chercher les moyens de préparer le rétablissement des bois. Nous avons sous les yeux un des mémoires qui furent

---

[1] V. *La Réforme sociale en France*, par M. Le Play, tome 1, pages 289-292.

transmis à la Société : il est manuscrit, et son auteur était magistrat.

On y trouve une longue, une terrible accusation contre un état général d'incurie, de dissipation, de désordre, qui fait obstacle à toute idée suivie de réforme et de progrès. Les campagnes sont abandonnées, le luxe dévore tout, il n'y aura bientôt plus de futaies, et les exploitations trop hâtives détruisent les taillis. Les fermiers ne consultent que l'intérêt du moment, le propriétaire ayant besoin d'argent ne cherche qu'à accroître son bail.[1] — « Chacun veut jouir, et un intérêt éloigné n'est presque jamais compté. » Les forêts communales sont avec celles des ecclésiastiques les plus dégradées ; car, « pour les gens de campagne, les bois communs sont biens communs, et un bénéficier aimera mieux retirer mille écus d'une coupe qu'en laisser dix mille à ses successeurs. » Les dévastations commises par les usagers rendent la propriété des bois illusoire.

Ce que l'auteur constate sur les incendies est significatif : — « Le plus médiocre intérêt suffit à ces gens de campagne pour détruire des forêts entières ; ils les incendient pour se

---

[1] Il faut citer en entier un passage tristement probant. Il justifie, au point de vue forestier, tout ce qu'Arthur Young écrivait à cette époque, sur l'abandon des campagnes.

— « Je ne sache aucun propriétaire qui ait planté un bois ; j'en connais beaucoup qui ont détruit les leurs. La plupart ne consultent pour les coupes que le besoin d'argent, et n'examinent point si le bois peut encore croître, si une partie ne peut pas s'élever en haute futaie, s'il n'est pas possible d'en retirer un plus grand produit par un glandage annuel. Les coupes sont abandonnées à des entrepreneurs qui les font sans attention, qui détruisent tout, souvent jusques aux racines. Un bois coupé est un bois entièrement perdu, les troupeaux et les chèvres surtout s'y introduisant ; les rejetons annuellement dévorés ne repoussent plus, et une vaste forêt est changée en vaine pâture. »

procurer quelques pâturages, pour avoir des terres à défricher. J'en ai vu mettre le feu au pied d'un arbre pour l'abattre plus aisément ; j'ai vu des bergers allumer des arbres entiers pour se chauffer ; j'ai vu couper les plus gros chênes, pour en retirer quelques douves, qui ne valent pas la récolte de glands qu'ils auraient produite dans un an, et laisser pourrir le reste dans les forêts.

« Ces déprédations journalières, et plus encore les grands incendies qu'on voit se multiplier, rendent les bois, de toutes les propriétés, la plus précaire. Un seigneur craint toujours qu'on ne vienne lui annoncer qu'il a perdu la moitié de ses bois. Faut-il s'étonner s'il est si empressé de les vendre ? Il est si peu sûr de les conserver ! »

On pourrait croire, en lisant de tels témoignages, que la magistrature chargée de réprimer le mal, que cette magistrature jadis si ferme et si vigilante a faibli, qu'elle s'abandonne à l'esprit du siècle. Il n'en est rien. Beaucoup d'arrêts prouvent au contraire sa résistance, les restrictions toujours plus grandes mises à la jouissance du propriétaire ; ils nous montrent une réglementation très sévère imposée aux établissements industriels, tels que martinets, tuileries, fours à chaux, fabriques de plâtre, et surtout aux verreries alors nombreuses dans la zone montagneuse des Maures. La Chambre des Eaux-et-Forêts ne les autorisait que pour un temps limité, sur l'avis du Commissaire de la marine et des Procureurs du pays, sous la condition que les entrepreneurs brûleraient seulement du bois mort ou rampant, ou du bois venu du dehors. En 1746, trois savonneries de Grasse furent soumises à l'obligation de ne se servir que de charbon de pierre, et à la veille de la révolution, en 1770, on demandait que la mesure fût étendue à toutes industries et usines

analogues, « la quantité de bois brûlée par elles étant in-
commensurable.[1] »

Les forêts des Maures et de l'Esterel approvisionnaient le
port de Toulon. Elles fournirent des palissades aux travaux
de fortification, commencés en 1688 sur les ordres et les
plans de Vauban. On ne se trompait pas sur la valeur des
ressources accumulées dans les vastes massifs du littoral,
dans ces montagues où le duc de Savoie s'était presque
égaré en marchant sur Toulon, lorsqu'il envahit la Provence
en 1717. Quelques années après, en 1745, le procureur
général au Parlement exposa que les besoins de l'Etat né-
cessitaient une nouvelle sévérité pour la conservation des
futaies de pins. Sur ses réquisitions, il fut interdit aux communautés du Luc, de Vidauban, des Arcs, du Muy, de Roquebrune, de Seillans, de Fayence, de Bagnols et du Cannet,
de couper aucuns pins sans permission expresse. Le droit de
martelage exercé par l'Etat, pour la fourniture des constructions navales en chêne de marine (et il n'y en a pas de
meilleur que dans le Var), peut se justifier, comme servitude
imposée par l'intérêt public à la propriété privée. Mais,
étendu aux forêts résineuses, il semble exorbitant, et on a
encore là une preuve de l'opinion qu'on se faisait des progrès du déboisement.

Les trop lourdes entraves dont les principes économiques
du temps frappaient le sol boisé, concoururent à l'avilir entre
les mains des propriétaires, à détruire tout stimulant pour
le mettre en valeur. L'extraction de la poix des pins était
soumise à la nécessité d'une autorisation préalable. Cette
poix résine ne pouvait être l'objet que d'une industrie très

---

[1] *Discours sur les moyens d'encourager l'agriculture en Provence*,
par Reboul ; Aix, 1770, page 55.

bornée, car il était défendu de la transporter hors du Royaume.[1] Un arrêt du Conseil fut interprété par les agents du fisc contre la liberté de l'exportation des châtaignes. En 1773, l'assesseur Pascalis se fit l'organe des plaintes venues de Pignans et de Collobrières, « dont les châtaignes ne pouvaient trouver de consommation qu'à Marseille. »

Il ne faudrait pas, encore sur ce point, trop incriminer le passé, lorsque nous avons vu lever seulement en 1860, et d'une manière générale, la prohibition d'exporter les écorces à tan, les bois à brûler, les charbons de bois, et supprimer seulement à cette époque les droits qui grevaient, à leur sortie de l'Empire, les bois de construction et d'industrie. On comprend à quel point devait être paralysée, il y a un siècle, l'économie forestière, lorsqu'on a été témoin des réclamations si vives dirigées contre la libre sortie des écorces, au nom de l'industrie de la tannerie.

Pourquoi insistons-nous sur des détails empruntés à une histoire certainement très oubliée, et précisant une situation qui a bien changé ? Nous n'avons presque pas besoin de le dire. Les difficultés que soulève la question forestière ont toutes leur point de départ, leurs causes, leur origine, dans un mal séculaire auquel s'ajoutent les perturbations qui rendent instable le régime de la propriété.

Voyons maintenant, en ce qui touche la zone de l'Esterel et des Maures, quels pourraient et devraient être les principes d'une régénération progressive, d'une transformation sûre et fructueuse, où seraient les éléments d'un nouvel avenir, si les familles de propriétaires fonciers se consa-

---

[1] Arrêt du 18 avril 1740, par lequel la Chambre des Eaux-et-Forêts condamne un sieur Escudier, capitaine garde-côte, à 1500 livres d'amende, pour avoir coupé 40,000 pins sans permission et transmarché la poix hors du Royaume.

craient à cette œuvre. On a émis le vœu que des Compagnies industrielles se substituassent à l'initiative privée, en vue de grandes entreprises analogues à celles de l'exécution des canaux, des dessèchements de marais, des colmatages de graviers sur les torrents et rivières. On s'est demandé quels n'en seraient pas les avantages, pour la mise en valeur des richesses forestières, minérales et métalliques, et aussi pour la construction de barrages destinés à fournir de l'eau dans un pays qui en manque généralement, etc... En 1839, un projet de cette nature fut élaboré pour la France entière ; il s'agissait du reboisement de terrains incultes, propres à la végétation d'arbres résineux. Une société, formée de propriétaires fonciers souscripteurs, aurait effectué pour son compte ce que l'Etat s'est chargé depuis d'exécuter, au nom de l'intérêt public et avec l'arme de l'expropriation, dans les périmètres de reboisement obligatoire. Le projet n'eut pas de suite. Faut-il beaucoup attendre de semblables combinaisons ? Et, au cas où elles pourraient être utilement employées à défendre la propriété forestière contre les suites extrêmes de l'impuissance individuelle, y a-t-il à espérer qu'elles se réaliseront jamais pour l'Esterel et les Maures ? Nous ne saurions discuter ici une question étrangère à la spécialité de notre travail. L'idée vraiment, immédiatement pratique, serait celle qui organiserait une action collective, dans un but de commune défense et de mutuelle sécurité. — On a bien établi, disions-nous, des syndicats contre les débordements de l'eau ; pourquoi n'en créerait-on pas contre les dévastations du feu ? Pourquoi un lien ne rattacherait-il pas, ne ferait-il pas agir ensemble des propriétaires trop isolés, et entre lesquels la force des choses établit cependant une solidarité nécessaire ? Les nettoiements dont nous allons parler ne seront tout à fait efficaces que dans ces conditions d'entente, lorsqu'ils embrasseront des périmètres assez vastes pour mettre toute une zone à l'abri de la marche dévorante de l'incendie.

La loi de 1860 a stimulé l'initiative des particuliers pour le reboisement des montagnes, soit par des subventions, soit par des primes en argent qui peuvent être accordées, selon les cas, en raison de l'utilité publique des travaux. N'y aurait-il pas une toute aussi grande utilité publique à encourager les travaux les plus indispensables de conservation, là où il ne faut que sauver ce qui existe ?

Enfin l'Etat, qui a des bois domaniaux dans les Maures et l'Esterel, qui gère les bois des communes, ne doit-il pas le premier donner l'exemple d'une initiative qu'auront à suivre les particuliers ?

Le temps est venu de se poser ces questions, de chercher sérieusement à les résoudre, et d'examiner quelles garanties les succès déjà obtenus offrent à l'œuvre individuelle ou collective à entreprendre dans toute cette vaste région.

LE CHÊNE LIÉGE.

Les Maures et l'Esterel, c'est-à-dire une zone qui vaut à elle seule, comme production forestière, plusieurs de nos départements du Midi, ont leur fortune faite ou plutôt à faire dans le chêne liège. Un exemple permettra d'en juger. M. F. Panescorse, propriétaire du Revest, près de Roquebrune, agriculteur distingué et un des hommes qui connaissent le mieux ce pays, a bien voulu nous communiquer les chiffres suivants, empruntés à ses livres de famille.

Sur un terrain où les chèvres avaient été trop longtemps introduites, le propriétaire du Revest cédait, le 29 prairial an ix, tous les lièges à un bouchonnier, sans condition de nettoiements pour les chènes non démasclés.

Le 1er septembre 1806, vente de tous les lièges pendant neuf ans, pour 30 fr. de rente annuelle.

Le 1er juin 1817, autre vente moyennant 100 francs par an.

En 1840, arrentement de l'écorce pour douze années, à raison de 450 francs par an.

Aujourd'hui,ces mêmes arbres donnent un revenu annuel de 1000 fr.

Voilà la progression ; elle est énorme. L'industrie de l'exploitation du liège ne s'est pas moins développée, et on fabrique des bouchons à Hyères, à Collobrières, à Cuers, à Pignans, à Gonfaron, aux Arcs, à la Garde-Freinet, à Sainte-Maxime. On est loin des temps où les chênes n'étaient coupés que pour bois de chauffage. Mais combien la production locale en liège est inférieure à ce qu'elle devrait être, pour donner toute la stabilité et toute l'importance néces-- saires à cette industrie !

Un document très instructif à consulter, le rapport de la section française du Jury international sur l'Exposition de Londres de 1862, le constate : le liége récolté en France ne donne pas pour plus de trois à quatre mois d'ouvrage à nos fabriques , dans le Var, les Landes et les Pyrénées-Orientales, et il leur faut, de toute nécessité, faire venir leur approvisionnement complémentaire de l'étranger, principalement d'Italie, d'Espagne, de Portugal et d'Algérie. En Catalogne seulement, on jette dans le commerce de 15,000 à 20,000 balles d'une valeur de 3 à 4 millions de francs, lorsqu'en France la fabrication des bouchons ne s'élève qu'à 6,000 balles et à une valeur totale de 2 millions, tant pour la consommation intérieure que pour l'exportation. « Nos vins expédiés en bouteille, dit le rapporteur M. Barral, ne sont bouchés qu'en partie avec des bouchons provenant de nos fabriques. L'importation du liége ouvré, dont la presque totalité vient d'Espagne, est annuellement de 1,300,000 kilogr., sur lesquels 200,000 kilog. seulement restent en France. »

Il y a là de quoi faire réfléchir et stimuler les propriétaires des bois de l'Esterel et des Maures. Plus d'un motif doit les porter à agir et à se mettre résolument à l'œuvre. Les forêts de chênes liége de l'Algérie y occupent une étendue de 300,000 hectares, et les travaux des concessionnaires peuvent doubler, avec elles, les ressources annuelles du monde entier, quand elles seront convenablement aménagées.[1] Il n'y a donc pas de temps à perdre dans le Var; il est d'un grand intérêt qu'on y organise les travaux indispensables de nettoiements, qu'on y procède sans retard aux semis et plantations, qu'on s'occupe, en un mot, de la culture du chêne liége. Les peuplements y sont, en l'état, très limités, très irréguliers. — «Jusqu'à ce jour, disait encore naguère un homme très compétent sur la question, les propriétaires de chênes liége, ayant une idée fort peu exacte des richesses qui sont semées, çà et là, dans leurs forêts, ne se sont pas doutés, pour la plupart, du préjudice considérable causé par leur inexpérience en fait de cultures et de valeurs forestiéres.[2] »

---

[1] « Le revenu brut des forêts de notre Colonie africaine pourrait s'élever, après tous les travaux d'une mise en exploitation rationnelle, à plus de 45 millions de francs, et le revenu net à 17 millions. La quantité de liége marchand obtenu chaque année serait de 52 millions de kilogrammes. » *Rapport de la section française du Jury international sur l'Exposition de Londres*, tome 2, page 251.

[2] *Conseils pratiques aux propriétaires de chênes liége et particulièrement à ceux de l'arrondissement de Grasse*, par M. J. Vidal; Grasse, 1864.

Sans doute, il importe de ne pas sacrifier inconsidérément le pin; mais, partout où le chêne liège se montre, il doit devenir l'essence dominante. Pour cela, que faut-il généralement? Sinon nettoyer le sol forestier. C'est en même temps le moyen de triompher des incendies. Adressons-nous ici à l'expérience, pour les détails pratiques qu'il est utile de mentionner.

NÉCESSITÉ DU DÉBROUSSAILLEMENT.

Le premier besoin de conservation, nous l'avons montré, est dans le débroussaillement. Tant que des surfaces immenses seront couvertes des matières les plus inflammables, il y aura toujours à craindre le feu. Tant que les chênes liège seront étouffés par les pins et les broussailles, il est impossible d'attendre leur régénération et d'espérer des repeuplements. Il faut donc nettoyer les forêts; mais comment?

LE PETIT FEU D'HIVER.

Il y a une opération bien connue et déjà décrite par nous, celle du *petit feu d'hiver*, qui permet de brûler sur place les morts-bois. Elle est un moyen de nettoiement économique, puisque la dépense n'est guère que de 4 à 5 fr. par hectare et quelquefois moins. On l'emploie dans certains cantons forestiers du Var, mais elle leur est tout à fait spéciale. Le petit feu d'hiver est possible seulement dans les massifs serrés de pins de 20 à 30 ans et au-dessus; ailleurs il ne serait pratiqué qu'en détruisant la génération à venir des bonnes essences, et, là où les massifs ne sont pas complets, en laissant pulluler les morts-bois qui rejettent de souche avec une vigueur nouvelle. Il y a un dicton populaire chez les paysans des Maures, à propos des broussailles : « *Qui me coupe me taille ; qui me brûle me fume.* » Il ne suffit donc pas de brûler à feu courant les branchages, il est nécessaire d'extirper les souches.

NETTOIEMENTS AVEC EXTRACTION DES SOUCHES.

Aussi, les vrais nettoiements sont-ils aujourd'hui effectués dans ces conditions. Il n'est pas de procédé plus sûr pour transformer le sol forestier, pour déterminer une régénération et une restauration presque merveilleuses. Tous ceux qui en ont fait l'expérience le savent. L'opération ne se borne pas à extraire les morts-bois. Elle est accompagnée du recepage qui ravive les chênes liége de mauvaise venue et à l'état buissonnant. On élague et taille en même temps, avec prudence, les jeunes arbres, de manière à les tenir droits et lisses, en vue de ménager des troncs sains et vigoureux autour desquels la subération se formera librement.[1] Il est plus facile encore d'opérer des semis de glands, dans les trous ouverts par la pioche, là où ont été arrachées les racines d'arbousiers et de bruyères. Il serait périlleux de trop dégarnir les pentes ; mais on a le soin d'y laisser de distance en distance des espaces incultes. — « Dans peu d'années, écrivait naguére M. Pellicot, si les vieux arbres conservés ne recouvrent pas de leur ombre la terre qui les environne, celle-ci se revet à nouveau d'un massif d'arbustes rajeunis et plus vigoureux qu'auparavant.[1] »

[1] V. l'article déjà cité de M. Toulouzan, sur la taille du chêne liége ; — *Annales d'agriculture provençale*, tome 4, pages 406-407.

Il ne semble pas qu'on ait conçu autrefois la pensée de ces nettoiements et de cette intelligente mise en valeur d'un sol si fécond. En tout cas, la pratique est de date récente, et cependant l'une et l'autre sont si naturellement indiquées ! On ne s'explique pas davantage que, depuis une quarantaine d'années, l'administration des forêts ait partagé sur ce point l'inertie des propriétaires, qu'elle n'ait pas donné avec un peu plus de suite un nécessaire et salutaire exemple aux populations. Nous avons dit que ce n'était pas le lieu d'en rechercher les motifs. Il y a vingt ans environ, un essai fut tenté dans la forêt domaniale du Dom de Bormes. 700 hectares avaient brûlé ; un nettoiement avec arrachis de souches fut confié à un entrepreneur. Mais ce concessionnaire ne tint pas ses engagements et n'effectua les travaux que sur une centaine d'hectares. En 1864, un nouvel incendie éclate dans la même forêt : 2,500 hectares sont la proie du feu. Les seules parties sauvées ont été celles qui se trouvaient nettoyées. Presque au moment où éclatait le sinistre, l'Etat venait d'allouer 25,000 fr. pour reprendre l'œuvre, sur les points les plus riches en chênes liége. Il était trop tard, et les nettoiements qu'on a commencé à exécuter l'hiver dernier, dans les terrains incendiés, ne profiteront qu'à l'avenir.

De tels exemples sont de nature à vaincre toutes les hésitations et à conjurer toutes les lenteurs. Les bois de l'Etat devraient être des bois modèles. Dans ces dernières années, l'administration forestière, obéissant à une noble et généreuse ardeur, s'est efforcée de surmonter les obstacles qui l'avaient paralysée. Elle déploie la plus grande activité pour effectuer et étendre le nettoiement des forêts communales; et, dans

---

[1] *Echo du Var,* 1er janvier 1865.

les adjudications de chênes liége, elle met en charge aux communes d'y employer le cinquième ou le quart des produits.

MARCHE DES NETTOIEMENTS ET CONDITIONS DANS
LESQUELLES ILS S'EXÉCUTENT.

Les cahiers des charges décrivent la marche et les procédés de l'opération. Ils peuvent offrir une utile instruction aux propriétaires. L'entrepreneur est tenu d'arracher par racines les genêts, bruyères, arbousiers, cistes, etc....., de receper et d'élaguer les chênes liége suivant l'indication des agents forestiers, de respecter avant tout soigneusement les bonnes essences. Dans les localités où les pins forment des peupiements, on se garde de les détruire et on se borne à les éclaircir. Mais, partout où il y a des chênes liége, on expulse les résineux avec les morts-bois. L'entrepreneur est autorisé à les couper et on lui abandonne les plus jeunes sujets.

Le travail doit marcher de proche en proche, sans solution de continuité. Les branchages et débris sont brûlés au fur et à mesure dans les vides, par un temps calme et avec les précautions voulues. En cas d'incendie, l'entrepreneur serait responsable. Cette responsabilité est, du reste, stipulée pour l'opération dans son ensemble et s'étend à la durée d'un an. Souvent on retient à l'entrepreneur le quart du prix comme garantie, pour lui faire refaire les travaux mal exécutés. Il importe que le nettoiement soit complété l'année suivante par un repassage. Les terrains seraient exposés à être de nouveau envahis par les bruyères, sans un enlèvement successif et persévérant des nouvelles plantes qui proviennent, soit des rejets de racines oubliées dans l'extraction, soit des graines enfouies dans le sol.

FRAIS D'EXTRACTION, IMPORTANCE DES ROUTES ET DES MOYENS DE VIDANGE.

Les nettoiements ainsi exécutés sont sans doute coûteux. La dépense peut être en moyenne de 60 à 80 fr. par hectare; loin des centres de consommation et lorsque les produits de l'extraction n'ont pas eu de vente, elle s'est élevée jusqu'à 100 fr. On appréciera par là de quelle importance sont les routes, et combien l'avenir de ces contrées est lié à l'ouverture des voies de vidange, à un bon état de la petite et de la grande vicinalité. Sous ce rapport, de grands progrès sont déjà obtenus pour les Maures, où les Etats de Provence avaient commencé à donner l'impulsion aux travaux de construction de chemins, dans la seconde moitié du dix-huitième siècle. De nombreuses routes y sont établies ou en voie d'établissement. L'Esterel n'est pas aussi bien partagé, et cependant, là surtout, il y aurait beaucoup à faire, après tant d'incendies qui ont ruiné la propriété boisée. Les moyens de vidange sont généralement encore trop insuffisants. L'exemple de la Corse, où les travaux de défense contre les incendies se poursuivent dans les meilleures conditions, grâce à tout un réseau de routes forestières,[1] est de nature à frapper les esprits en Provence et à les stimuler. Plus les moyens de communication deviendront faciles, plus facilement aussi s'effectueront et s'étendront les nettoiements, à

---

[1] Nous citerons la forêt d'Aetone, une des plus importantes de la Corse. On y a établi une route forestière, et on y exécute aujourd'hui des nettoiements qui la mettront dans des conditions égales aux plus belles forêts du continent. Les nettoiements ne coûtent même presque rien, parce qu'on cède à l'entrepreneur, avec les morts-bois, les **arbres trop vieux.**

cause de la valeur rémunératrice des produits. En attendant, les résultats de ces travaux ont été si décisifs, que, même avec les frais dont nous avons donné la moyenne, il y a un immense profit. Des propriétaires, et nous mentionnerons ceux des environs d'Hyères, n'ont pas cru payer trop cher à ce prix leur sécurité et la formation de beaux peuplements en chênes liége.

Les nettoiements exécutés à Hyères sont de vrais modèles à suivre. L'ancienne forêt communale, vendue à des particuliers, et qui se trouvait sur bien des points à l'état de terre gaste peuplée de chênes liège, de pins, de bruyères, est presque entièrement renouvelée.

NETTOIEMENTS ÉCONOMIQUES AVEC UNE CULTURE.

Cependant, il ne faut négliger aucune économie possible, et c'est au nom même de l'intérêt des nettoiements qu'on leur a joint une compensation destinée à couvrir une partie de la dépense. L'extraction des morts-bois est suivie d'une mise en culture du sol ; on obtient de la sorte une récolte de céréales. Ce n'est plus ici la misérable et sauvage pratique des *taillades ;* ce ne sont pas davantage ces cultures temporaires qui ruinent périodiquement, et après chaque coupe, les taillis de chêne vert de l'arrondissement de Brignoles.[1] L'écobuage est en général mauvais sur le sol forestier de la Provence, déjà trop sec et trop pauvre en humus. Mais il n'y a pas de principe sans exception, lorsque les circonstances

[1] Consult. sur ce sujet la lettre de M. Viney, conservateur des forêts de Nice, publiée dans la *Revue agricole et forestière de Provence*, numéro de juillet 1864.

sont très différentes ; et l'exception se justifie d'elle-même, là où les dangers inhérents à l'écobuage ne peuvent se renouveler, et où il importe par-dessus tout de supprimer les causes d'incendie.

Sans doute, il sera toujours plus sage de ne pas écobuer, et il vaut mieux certainement nettoyer le sol forestier, en le ménageant, en évitant de lui demander ce qu'il n'est pas destiné à produire. Il est même assez remarquable de constater que la plupart des propriétaires des Maures, à l'initiative desquels on doit les premiers nettoiements, se sont interdit toute culture, qu'ils jugent sur ce point comme peu intelligents des calculs trop intéressés. Il ne faut pas cependant rien exagérer ; si des propriétaires peuvent disposer de capitaux, d'autres n'en ont pas à engager dans de telles entreprises. De là nécessité pour eux de s'indemniser, au moins en partie, de la dépense. On aurait déjà beaucoup obtenu de cette classe nombreuse de propriétaires, le jour où ils voudraient sérieusement travailler à nettoyer leurs forêts, avec la compensation d'une et, au besoin, s'il le fallait, de deux récoltes successives en céréales. On aurait obtenu beaucoup, car le problème serait résolu pour organiser une entente commune qui préparerait un nettoiement général. D'immenses terrains devenus complétement improductifs seraient purgés de broussailles, et il n'y aurait plus qu'à y effectuer des semis et plantations, s'ils ne se repeuplaient pas d'eux-mêmes en chênes liége.

L'importance du but à atteindre est capitale : on ne saurait donc trop encourager les nettoiements économiques, pourvu toutefois que les propriétaires les exécutent eux-mêmes, que leur surveillance prévienne les dangers du brûlement des fourneaux, à la condition qu'on respecte les pentes, où des espaces incultes doivent être laissés pour maintenir le sol. C'est ce que pratique l'administration des forêts : elle n'a pas hésité à employer les nettoiements avec culture, là où les ressources des communes n'en permettraient pas d'autres. Seulement, elle borne cette culture à une année.

SEMIS ET PLANTATIONS, ÉTUDE ET CLASSEMENT DES TERRAINS QUI CONVIENNENT A CHAQUE ESSENCE.

On vient de dire que les semis peuvent être effectués à mesure que s'opèrent les nettoiements. Les propriétaires prudents ne les confieront jamais, cependant, à des entrepreneurs, surtout après deux cultures successives en céréales. Il ne suffit pas de jeter les glands au hasard pour qu'ils lèvent et prospèrent. La réussite est difficile, la pluie manque souvent lorsqu'elle serait le plus nécessaire. Sans les observations personnelles, sans une grande surveillance et beaucoup de persévérance, il est difficile de vaincre les nombreuses causes et chances d'insuccès. Les forestiers ont encore sur ce point tout un rôle d'initiative, au-devant duquel ira leur esprit de zèle, et ils ne le rempliront nulle part avec plus d'utilité. Ils ont qualité pour donner les conseils indiqués par l'expérience, pour enseigner les bonnes méthodes et les meilleures pratiques.

Là comme ailleurs, il faut procéder par l'étude spéciale des localités. Cette étude elle-même conduira à une œuvre d'ensemble et vraiment importante, celle du classement des terrains et massifs boisés par zones. Chaque essence trouverait de la sorte sa place indiquée par la nature du sol, par son exposition, et elle y formerait progressivement des peuplements complets et réguliers. Le chêne liége serait destiné à occuper une grande partie des versants des Maures et de l'Esterel, mais non pas la totalité, car le pin maritime et le châtaignier ont également leur valeur, et dans bien des situations ils ne seraient pas remplacés avec avantage.

Jusqu'à ce jour, les semis et plantations de chênes liége ont été, sauf de rares exceptions, chose presque inconnue pour les propriétaires des Maures ; on s'est borné à exploiter les vieux arbres, en laissant aux oiseaux, au vent et au temps le soin de renouveler les forêts par de jeunes sujets. Les petits chênes végétent çà et là, sous l'abri des broussailles, mais ils sont en même temps étouffés par elles ; là, par le fait seul des nettoiements, le repeuplement pourra s'effectuer de lui-même, mais comment jugerait-on les semis inutiles, lorsque les germes reproducteurs font défaut ? Des surfaces immenses, où l'on ne trouve que des bruyères, seraient aujourd'hui couvertes de belles forêts, si on s'était appliqué à y préparer l'avenir depuis un demi-siècle.

Nous avons dit que l'administration des forêts avait sur ce point des exemples à donner, une mission d'initiative à remplir. Aucune notice n'a été publiée sur les travaux de repeuplement auxquels elle se livre depuis quelques années. Nous savons qu'elle a effectué d'important semis dans l'Esterel, à Saint-Raphaël et à Palaison, près de Fréjus. L'exposition forestière faite, en mai dernier, au concours régional de Nice, et qui a valu à son organisateur, M. le sous-inspecteur Demontzey, la grande médaille d'or, a été une heureuse inspiration qui devrait être imitée dans tous les concours agricoles. Une commission de la Société botanique de France n'a pas seulement constaté les succès obtenus dans le reboisement du mont Boren, à Nice ; elle a pu admirer les beaux semis en chênes, châtaigniers et pins exécutés jusque dans

les escarpements des montagnes et à l'aide de barrages économiques qui font obstacle aux érosions des eaux.

L'exemple de ce qui se pratique en Catalogne vaut la peine
d'être cité et d'être mis en opposition avec notre incurie séculaire. Les conditions dans lesquelles se sont formés les
beaux peuplements de chênes liége, les *suredas*[1] du revers
espagnol des Pyrénées-Orientales, différent peu de celles de la
Provence. Les terrains sont de même nature, ils ont le fléau
des morts-bois. Anciennement, c'étaient des *garrigues*, où
croissaient quelques arbres disséminés. Les propriétaires et
cultivateurs catalans ont compris leur intérêt à les mettre en
valeur. Ils ne se sont pas contentés de semer des glands au
hasard ; ils ont choisi avec soin les meilleures variétés, les
espèces les plus productives, en les cueillant sur les arbres
d'une belle venue et dont l'écorce était la plus fine. Notons
ici le témoignage d'un observateur qui avait visité le pays et
le décrivait il y a près de quarante ans, en 1829.[2]

« Lorsque les cultivateurs catalans eurent compris l'utilité d'un triage parmi les nombreuses variétés de glands si
différentes entre elles par la forme, la couleur, les qualités
et l'époque de leur maturité, ils reportèrent leur attention
sur le mode jusqu'alors si imparfait des semis. D'abord, ils
pensèrent qu'il suffisait de déposer le gland dans la terre,

---

[1] Le chêne liége, qui s'appelle *suve*, en langue provençale, porte
le nom de *suro* en langue catalane.

[2] M. F. Jaubert de Pansa, correspondant de l'Institut et de la
Société royale et centrale d'agriculture. — Son travail, publié dans les
Annales forestières en 1842, offre un très grand intérêt ; il complète
celui du savant naturaliste Bosc, sur le chêne liége, inséré dans la
dernière édition du *Dictionnaire d'Agriculture*. —« C'est à pied, en
visitant les ateliers, en consultant les fermiers catalans dans leurs
forêts, disait M. Jaubert de Pansa, que j'ai recueilli ou modifié, en
1829, les éléments de ce mémoire. »

au pied des rochers ou des arbustes, au moyen d'une pince qui entr'ouvrait légèrement le sol. Bientôt, ils reconnurent l'insuffisance de ce procédé, et l'on se décida à labourer la terre partout où l'araire (sans versoir) peut pénétrer. Les glands étaient déposés au fond des sillons, espacés d'un mètre. Dans cette méthode encore imparfaite, on exigeait de la terre une dernière récolte de céréales, que, dès l'année suivante, de jeunes arbustes et surtout la bruyère et les cistes remplaçaient. A la faveur de ces abris, la semence étant confiée à un sol légèrement ameubli, le pivot du jeune plant pénétrait dans les couches inférieures. »

On aurait même usé en Catalogne d'un procédè qui semble soulever plus d'une objection. — « Partout où la nature du sol permettait de planter de la vigne, sans trop en calculer les produits présumés, on se hâta de le faire à la suite de plusieurs labours. On sema des glands dans le fond des sillons, en ménageant des intervalles... Les travaux continués pendant vingt à vingt-cinq ans étaient compensés par la récolte annuelle de raisins; mais, lorsque les arbres ombrageaient la vigne, le cep dépérissait et on l'arrachait. La terre, livrée de nouveau à ses productions naturelles, se couvrait d'arbustes, parmi lesquels paissaient les moutons. Consacrer au liége une partie de son domaine, ce n'est donc pas, pour le cultivateur catalan, en priver les bêtes à laine..... »

La combinaison ne serait pas seulement ingénieuse, elle serait presque merveilleuse, si partout le sol était assez profond et assez riche pour nourrir à la fois vignes et arbres.[1] Quoi qu'il en soit, elle témoigne d'un esprit industrieux très remarquable, et on peut juger par là combien nous sommes distancés. Ce qui suit n'est pas moins probant.

---

[1] Un propriétaire nous a dit qu'il l'avait tentée dans les Maures.

— « On doit cet hommage à l'industrie catalane, qu'elle n'a rien négligé pour la culture du chêne liége et pour mieux en utiliser les produits. Dans la région de ce végétal, les chèvres étaient, depuis plusieurs siècles, considérées comme une des ressources productives et indispensables d'une bonne ferme. On y a renoncé du moment où l'on reconnut que les forêts dévorées par elles se renouvelaient lentement et partiellement. On a réduit la culture ingrate du seigle, on a parqué les bœufs pour les éloigner des arbres ; on a momentanément cantonné les moutons pour laisser aux arbustes le temps de croître et de développer de meilleurs abris. On a semé des glands au lieu d'attendre que les vents ou les rats dispersassent les semences et peuplassent les clairières. »

Ne sont-ce pas là autant de leçons données à la Provence? On voit par quel effort, par quelle réforme des vieilles habitudes, la Catalogne est arrivée à conquérir une si grande supériorité dans la production et l'industrie du liége.

Nous ne nous proposons pas ici pour but d'étudier et d'enseigner les meilleurs modes de repeuplements en chêne liége.[1] Ce n'est pas notre tâche, qui se limite à l'ordre des intérêts économiques. Signalons cependant quelques idées pratiques. En Catalogne, on n'a pas seulement exécuté des semis, on a planté. Les plantations de chênes n'ont guère, dit-on, chance de succès; oui, sans doute, si l'on se borne à prendre dans les massifs des sujets grêles, à long pivot, et dépourvus de chevelu; non, si l'on établit des pépinières, si, lorsque les jeunes plants sont parvenus à un certain degré de croissance, on les repique en pépinière, en ayant soin de leur couper le pivot et en les espaçant.[2] On obtiendra par là des

---

[1] V. le *Cours élémentaire de culture des bois,* publié par M. Parade ; Paris, chez Bouchard-Huzard, 1860.

[2] Il y a une méthode plus économique, mais délicate, et exigeant

chênes munis d'une touffe de chevelu qui assurera leur reprise dans la transplantation en forêt.

EXPULSION DES CHÈVRES.

Le seul mobile de l'intérêt bien entendu a fait proscrire des forêts de Catalogne les troupeaux de chèvres. Voilà encore toute une réforme, qui serait presque une révolution dans les mœurs et les coutumes des habitants des Maures. Renoncer aux chèvres ! est-ce possible, dans des montagnes dont on les croirait destinées à dévorer les broussailles, où l'eau manque généralement pour faire des prairies et nourrir le mouton ?

L'expulsion des chèvres de toutes les autres parties de la Provence, aussi sèches, aussi mal pourvues en sources, eût semblé non moins impossible, lorsqu'on commença, il y a bientôt deux siècles, à restreindre contre elles la liberté illimitée du parcours. Elle n'a pas été obtenue en un jour, il a fallu la conquérir, en leur disputant presque pied à pied le sol forestier. En 1690, le Parlement prit une grave mesure : il fit dresser un état des localités dans lesquelles les chèvres seraient prohibées ou tolérées, suivant le degré d'intérêt de leur conservation en nature de bois. Cet état fut révisé en 1728, après une nouvelle expertise à laquelle procédèrent des bourgeois délégués dans chaque viguerie. Les chèvres

qu'on sache bien manier la bêche dite *coupe-pivot* (sorte de louchet à section tranchante, disposée en bisot).— On sème les glands espacés, tels qu'ils devront rester en pépinière. Puis, quand les sujets ont la croissance voulue pour l'opération, à un ou deux ans au plus tard, on coupe tous les pivots à une certaine profondeur, 15 centimètres environ, de manière à forcer la production du chevelu.

furent dès lors proscrites des forêts, cantonnées sur les terrains improductifs et dans les broussailles. Aujourd'hui encore, la Provence n'en est pas complétement délivrée ; elles ont fini par disparaître des pays riches, mais elles gardent leur dernier asile au sein des pays pauvres, dont elles achèvent la destruction. Pourquoi ne reprendrait-on pas dans les Maures et l'Esterel l'œuvre de nos pères, en imitant leur sagesse ? Les propriétaires y cantonneraient les troupeaux de chèvres dans les quartiers les plus envahis par les broussailles, là où les nettoiements ne pourront s'exécuter de sitôt.

CRÉATION DE PATURAGES, ÉTABLISSEMENT DE BARRAGES.

On se demande si des pâturages ne seraient pas utilement établis comme ailleurs dans les Maures, sur des terrains où ils remplaceraient avec beaucoup plus de profit de maigres récoltes en céréales. On sait tout le parti que M. de Gombert a tiré du psoralier bitumineux pour rendre à la végétation des pentes dénudées de la zone calcaire.[1] Nous avons mentionné le travail du savant professeur d'histoire naturelle à l'école forestière de Nancy, M. Mathieu, sur les plantes herbacées fourragères, de nature à servir au gazonnement des Alpes.[2] Les montagnes granitiques possédent aussi de nombreuses familles de végétaux agrestes, à racines persistantes, et qu'il serait facile de propager. D'excellents praticiens,

---

[1] *Dialogue familier sur le reboisement et le gazonnement des montagnes*, par M. L. de Gombert ; publié dans la *Revue agricole et forestière de Provence*, en 1864. — Consult. spécialement le n° du 5 octobre.

[2] *Le Reboisement et le Regazonnement des Alpes.*

MM. Laure et Pellicot, leur ont consacré des pages intéressantes de leurs écrits.

« Sur un large plateau que naguére le ciste et l'érigère envahissaient, dit M. Laure,[1] j'ai suivi l'assolement suivant, lequel a si fort augmenté le produit de ce terrain, que je désire être imité par tous les propriétaires des essarts placés dans une pareille position.

« Pendant l'été, ce plateau ayant été labouré trois fois, les *sequieros* (fourneaux) faites et brûlées, je l'ai semé en froment à la fin d'octobre.

« *Première année* : Froment récolté (il a donné douze pour un); vesces et graminées semées en octobre pour fourrage.

Deuxième année : Hivernage consommé sur place par des brebis; froment semé en octobre avec des graines de la grande pimprenelle.

« *Troisième année* : Froment récolté. Il a produit neuf pour un.

« *Quatrième année et suivantes* : Pâture de la pimprenelle, cistes et érigères soigneusement arrachés lorsqu'ils se montrent.

« Le terrain ainsi préparé, nettoyé et semé en pimprenelle, s'est couvert d'une herbe épaisse après deux ou trois ans et est devenu un excellent pâturage. Dans sept ou huit ans, la terre, se trouvant dans un nouvel état de fertilité par le séjour constant, pendant l'hiver, d'un troupeau de brebis, fut dans le cas d'être de nouveau soumise au même assolement.

« Quel avantage n'y aurait-il pas à échanger des terrains qui produisent seulement une récolte de blé et une de seigle

[1] *Guide des Cultivateurs du Midi de la France*, p. 51-52.

tous les dix ou douze ans, contre de gras pâturages donnant également deux récoltes, et deux récoltes plus abondantes, dans un moindre espace de temps, et fournissant aussi une succulente nourriture aux bestiaux ! »

M. Pellicot insiste de son côté sur la même question : — « Des lotus, des ononis, des luzernes, des sainfoins, des melilots, des trèfles, des graminées, des légumineuses, des plantes de familles diverses mangées avidement par le bétail croissent sans culture et sans soin au milieu de nos champs, le long de nos haies, sur le penchant de nos collines, et jusque sur l'escarpement de nos montagnes. Observons, recueillons, essayons dans des conditions analogues, autant que possible, les semences les plus vigoureuses. C'est ainsi que chaque jour doit étendre progressivement le champ des conquêtes agricoles [1]. »

L'expérience dira encore si le gazonnement ne serait pas pratiqué, avec avantage, dans les peuplements déjà formés de chênes liége. Il y tiendrait le sol occupé et à l'abri de l'invasion des morts-bois ; après les nettoiements, il consoliderait les pentes et les empêcherait de se raviner. Enfin, il fournirait à la nourriture du bétail là où son introduction ne pourrait être nuisible. On aurait de la sorte de véritables près-bois, comme ceux dont M. Charles Rasthofer, écrivant son *Guide dans les forêts de la Suisse*, montrait la grande utilité agricole et forestière.

Il y aurait à combiner là comme ailleurs les applications des lois sur le reboisement et le gazonnement des montagnes, sur la mise en valeur des biens incultes des communes. Les deux intérêts agricole et forestier devraient également provoquer la construction économique de barrages, qu'il serait

---

[1] *Traité élémentaire d'agriculture pratique pour le Var*, pag. 136.

facile d'établir sur les terrains imperméables de la zone granitique et dans les défilés des vallées. Les travaux de ce genre,
dont M. le comte de Beauregard et MM. Aurran ont pris
l'initiative à Hyères, ceux de M. Barbe à Cannes, le vaste
bassin de retenue que M. de Gasquet a construit avec succès
dans son domaine de Salgues, malgré les désavantages inhérents aux terrains calcaires, offrent autant d'exemples à imiter
et permettent de concevoir sur ce sujet de sérieuses espérances; la pratique ne manquerait pas d'indiquer les procédés
à la fois les plus sûrs et les moins coûteux. Un agriculteur
distingué, que nous avons déjà cité et dont nous avons consulté l'expérience, M. F. Panescorse, croit que le colmatage
serait dans bien des cas inévitable; mais il ne garde pas
moins sa confiance en l'avenir des barrages. Le déblaiement
des terres de transport créerait des plates-formes d'un sol
excellent pour prairies. Les vestiges d'anciens barrages romains en Provence, ceux qu'on trouve encore presque in-
tacts en Algérie dans des situations analogues [1], enlèvent à
de tels projets toute apparence d'utopie. La question fut
étudiée, il y a quinze ans, par les ingénieurs des ponts et
chaussées et les agents voyers du Var; elle mériterait d'être
reprise et vaudrait la peine qu'on lui donnât une solution [2].

[1] Une curieuse notice a été publiée sur ce sujet, par M. le com-
mandant Payen, dans les *Mémoires de la Société archéologique de
Constantine* (1864).

[2] Cette question des barrages a occupé bien des hommes qui s'in-
téressent à l'avenir des Maures. Déjà, en 1856, M. le comte de Villeneuve, ingénieur en chef des mines, en signalait toute l'importance.
Entre les modes divers de construction, un des moins coûteux et des
plus sûrs consisterait à employer du sable pur encaissé entre deux
murs à pierre sèche.

« Dans les terrains de gneiss, schiste et granit, écrit M. Panescorse,

Tous ces intérêts d'avenir se lient naturellement et nécessairement les uns aux autres. Satisfaire les exigences du pâturage, n'est-ce pas sauver les forêts qu'on lui livre? Eloigner le bétail d'un sol dévasté, n'est-ce pas la condition même du repeuplement?

LE PIN MARITIME, LE CHATAIGNIER.

Jusqu'ici nous ne nous sommes occupé que du chêne liége, et il nous a suffi, sans vouloir aborder les détails techniques, de montrer son avenir dans la zone granitique provençale. Cette faveur donnée à une essence précieuse ne doit pas faire mépriser ni sacrifier les autres qui, tout en n'ayant pas une égale importance, garderont leur prix et en acquerront par la force des choses toujours un plus grand.

On connait assez le pin maritime, et il n'est pas besoin d'insister à son sujet davantage. Un maître dans l'art forestier, M. Lorentz, publia sur lui, en 1842[1], une savante notice où il condamnait le système pratiqué en Provence et par lequel on effectue les coupes en jardinant, c'est-à-dire en choissant çà et là les gros arbres. Il est hors de doute que cet éparpillement des arbres multiplie les broussailles, qu'il

le sous-sol est imperméable, les bords aussi. Il faut seulement se tenir en garde contre les fuites du barrage ; c'est le plus souvent à la prise d'eau qu'on a de la peine à empêcher les filtrations. Un entrepreneur à Aups a eu l'heureuse idée de vider ses réservoirs par un siphon qui s'amorce de lui-même, ou que l'on peut aisément mettre en jeu en plaçant une soupape à l'extrémité de la longue branche, et en le remplissant d'eau par une ouverture au sommet de la courbure. Ce système est complété par un robinet.»

[1] *Annales forestières.*

augmente les frais d'exploitation [1]. Parviendra-t-on jamais
à vaincre sur ce point des habitudes routinières, à établir
un mode rationnel d'aménagement? Il en est de même pour
les éclaircies périodiques qui seraient si nécessaires, au
moins comme préservatifs contre les incendies, et sans lesquelles on ne peut obtenir une bonne constitution des peuplements.

La difficulté est toujours dans la non-vente des produits
de ces opérations forestières. C'est toujours une question de
dépense, et il faudrait répéter ici ce que nous avons dit, à
propos des nettoiements, sur l'importance des routes. Espérons mieux de l'avenir. Déjà les pins des Maures commencent à fournir des poteaux télégraphiques, les adjudicataires
des coupes placent de la sorte des bois qui, sans cela, ne trou-
veraient pas de débit. Des poteaux sont également expédiés
pour les mines de la Grand'Combe. Les fagots sont recher-
chés près des villes. — Longtemps, on n'a gemmé les pins
dans les Landes que pour en obtenir quelque produit; la
résine avait alors peu de valeur et le bois encore moins.
L'ouverture du chemin de fer de Bordeaux à la Teste a commencé à modifier cet état de choses, et celle de la ligne de
Bordeaux à Bayonne concourt déjà à le transformer. Il en
sera de même dans la zone littorale de la Provence, sur le
parcours de la ligne de Toulon à Nice. Les futaies de pins
maritimes de la commune des Arcs montrent tout ce qu'on

---

[1] Ce qui s'est passé près de nous, pour l'exploitation des bois communaux de Gémenos (arrondissement de Marseille), le démontre.

Les coupes avaient été longtemps formées d'arbres pris çà et là,
et elles se vendaient avec peine. Elles ont été remplacées par des
exploitations régulières et successives, destinées à amener le repeuplement naturel. Le produit en argent a dès lors plus que doublé.

pourrait attendre d'une bonne économie forestière. Des arbres de 1 m. 80 à 2 mètres de tour, ayant de 80 à 100 ans, se vendent de 15 à 20 francs.

La pratique régulière des éclaircies dans les bois résineux n'aurait plus d'obstacles à vaincre, du jour où serait résolue la question du gemmage. Les propriétaires, particuliers et communes, l'administration des forêts elle-même, ne sauraient trop s'y intéresser [1]. A l'exposition forestière de Nice, on voyait de l'essence de térébenthine et de la colophane de très belle qualité : ces produits semblaient être là les représentants d'une industrie qui cherche à prendre son essor.

Le châtaignier, non plus, n'est pas à mépriser. Lui aussi demanderait qu'on l'arrachât à un injuste oubli. On le greffe avec succès, il porte alors des marrons auxquels leur grosseur donne un prix considérable. Mais il ne suffit pas de greffer les arbres qui croissent d'eux-mêmes. Des semis et plantations devraient être effectués dans les parties fraiches des montagnes, aux versants nord, et il faudrait repeupler ainsi bien des terrains où l'incendie a détruit le pin. — « Le châtaignier, écrivait M. de Fonscolombe, aime les sables gras, frais et profonds, les côteaux élevés qui regardent le nord, les vallées où les ruisseaux portent les dépouilles végétales des montagnes. » — Malheureusement, les animaux rongeurs font quelquefois du mal aux semences ; on préserve celles-ci, autant que possible, en les trempant dans une décoction d'aloës. Le châtaignier à exploiter en futaies parait d'un avenir bien lointain aux propriétaires qui sèment des

---

[1] Des propositions ont été faites récemment par un entrepreneur pour essayer le gemmage du pin maritime des Maures. Elles n'ont pas abouti, parce qu'on demandait 20,000 arbres, et que ce chiffre a fait reculer les propriétaires, aux yeux desquels c'était un trop grand sacrifice.

châtaignes ; mais son exploitation peut avoir lieu en taillis, et elle est encore très productive ; car elle fournit des cercles à la tonnellerie, des échalas à la vigne, des barrières de chemins de fer, et en même temps, dit-on, un tanin excellent.

Un propriétaire des Maures nous racontait qu'il avait planté, il y a environ dix ans, environ 150 châtaigniers. Aujourd'hui, il n'en subsiste plus qu'une trentaine : les chèvres, les bœufs et les vaches ont détruit tous les autres. Voilà toujours invariablement posée, comme le grand problème, cette universelle et éternelle question du pâturage. On en arrive bon gré mal gré à la conclusion qui était formulée naguère énergiquement dans une brochure : — « Expulsez des forêts les bœufs et les chèvres. Ennemis terribles des jeunes arbres, ils les éciment, y déposent leur bave et les laissent rabougris et en buissons [1]. »

DIVISIONS A ÉTABLIR ENTRE LES MASSIFS FORESTIERS PAR DES TRANCHÉES.

Le chêne liége, le pin maritime et le châtaignier, véritables richesses forestières qu'il serait temps de bien aménager, d'exploiter en vue des plus grands produits et de multiplier par les semis et plantations, se classeraient naturellement en zones distinctes partout où ce serait possible. Il y aurait, comme nous l'avons exprimé déjà, à étudier avec soin les forêts de l'Esterel et des Maures, pour en diviser les massifs.

[1] *Conseils pratiques aux propriétaires de chênes liége,* par M. J. Vidal.

Il y aurait une répartition à faire, une sorte de carte à dresser. Ces montagnes ont leurs régions plus ou moins chaudes ou froides, où doivent prospérer les diverses essences. Le jour où une œuvre un peu étendue de reboisement s'y combinerait avec celle des nettoiements, chaque zone, chaque contrée auraient leurs cultures arbustives appropriées à leur sol, à leur climat, aux exigences locales.

Le Conseil général du Var, en 1864, a émis le vœu que *l'administration cherche à encourager les Communes, les particuliers, dans l'établissement de larges tranchées de débroussaillement, du haut en bas des montagnes, pour interrompre et cantonner les incendies.*

Nous avons jusqu'à ce moment tracé dans son ensemble l'œuvre de transformation à accomplir. Nous voici conduit en terminant à fixer le vrai point de départ, pour un commencement de réalisation pratique. Il y a intérêt et un grand intérêt à ouvrir ces larges tranchées demandées par le Conseil général. Elles serviront d'abord à cantonner et à arrêter les incendies ; elles permettront en outre de joindre aux travaux partiels de nettoiements tous les essais de semis et plantations, de débuter avec ordre et méthode dans une entreprise féconde au point de vue de la division, de la bonne exploitation et de l'isolement des massifs. Les agents forestiers dirigent de ce coté leurs efforts. On ne saurait trop souhaiter qu'ils aient les moyens d'obtenir bientôt des résultats assez évidents pour ébranler l'inertie des propriétaires.

Dans les tranchées garde feu, on exécuterait sur une largeur de 100 à 200 mètres, selon les cas, les nettoiements destinés plus tard à prendre de plus vastes proportions. Les résineux y disparaitraient peu à peu ; les essences feuillues, le chéne liége, le châtaignier leur seraient substitués, et y seraient cultivés de manière à former des peuplements

complets et où ne pénètreraient plus les morts-bois. Les massifs seraient disposés sur bien des points de manière à alter-
ner, et, si le feu prenait dans un bois de pin, il ne se propa-
gerait pas au loin. De véritables cordons sanitaires seraient
établis en travers des vents dangereux, le long des crêtes de
rochers et dans la direction des vallées, pour empêcher l'incendie de passer d'un versant à l'autre. Dans des cas extrêmes,
ces barrières pourront encore être insuffisantes, et la violence
du vent portera la flamme, comme cela s'est produit, jusqu'à
un et même deux kilomètres en franchissant toute une vallée.
Il n'est pas possible de se promettre qu'on maîtrisera toujours le feu, s'il éclate dans de telles circonstances ; et, jusqu'au jour où seront partout supprimées avec tant d'éléments
inflammables les causes d'incendie, il faudra s'estimer satis-
fait de remédier le plus habituellement au mal.

CONCLUSION

Qu'on nous permette de conclure par un simple rapprochement. Déjà et plusieurs fois, dans ce travail, il a été parlé des Landes, de leur nouvelle et heureuse fortune. L'histoire de ce qui s'y est produit et poursuivi dans ces dernières années montrera la toute-puissance d'une forte initiative mise au service de l'esprit de patriotisme, d'observation et de progrès.

Lorsque M. Chambrelent y appliqua pour la première fois, en 1849, le système des fossés d'écoulement, on désespérait de pouvoir conquérir à la civilisation l'immense désert qui s'étend des coteaux de la Chalosse et de l'Armagnac jusqu'à la mer, et occupe dans les deux départements de la Gironde et des Landes une surface de 635,594 hectares. Jusqu'alors, toutes les tentatives avaient échoué, tous les efforts et tous les sacrifices avaient été dépensés en pure perte. La culture s'obstinait vainement à essayer de féconder une couche de sable, reposant sur un tuf impénétrable de 0 m. 30 à 0 m. 40, soumise pendant l'hiver à une inondation permanente et vouée pendant l'été à une sécheresse absolue. Ce sol était fatalement stérile, insalubre, inhabitable. On n'y effectuait des semis que pour les voir noyés d'abord et ensuite brûlés. Des émanations pestilentielles dépeuplaient le pays. Enfin,

les landes communales n'offraient à un maigre bétail qu'une
dépaissance insuffisante; « et dans l'espoir de faire pousser
des herbes nouvelles, les bergers les soumettaient au régime
dangereux des incendies.[1] »

Et cependant il y avait là, sous d'autres rapports, les meilleures conditions pour la bonne et belle venue des essences
forestières les plus variées, le pin maritime, les chênes blanc
et vert, le chêne liége, l'acacia, etc... Le climat leur est favorable, les courants athmosphériques entretiennent un air
vif et le soleil y féconde la végétation dès le mois de mars.
On s'obstinait seulement, répétons-le, à méconnaître les
naturelles conditions d'une mise en valeur intelligente. Dans
un pays où manquent à la fois les amendements, les bras et
l'engrais, on demandait routinièrement au sol des qualités,
des productions que sa configuration et sa constitution lui
refusent.

On ne s'était pas même livré à l'étude, si importante, de
cette configuration du plateau des Landes. On n'avait pas
observé un fait capital et qui, bien constaté, devait avoir des
conséquences si décisives. Sur tout le plateau, borné du côté
du littoral par les dunes, il existe, depuis le faîte jusqu'au
versant des vallées, une pente faible, il est vrai, mais suffi-
sante pour l'écoulement des eaux. Dès que les eaux trouvaient
un écoulement, la solution se découvrait d'elle-même; il
suffisait d'établir des fossés, de les creuser de distance en distance avec un plan parallèle à la pente générale du sol; la
couche superficielle de sable étant très perméable, le des-
sèchement serait complet.

Ingénieur, M. Chambrelent se mit à l'œuvre, en se faisant
propriétaire; et c'est en 1849 qu'il ouvrit les premiers fossés

---

[1] *Exposé des motifs du projet de loi relatif à l'assainissement et à
la mise en culture des Landes de la Gascogne*, 1857.

dans les landes de Saint-Alban. Les résultats des semis effectués sur des terrains assainis ont été si merveilleux, qu'on a eu d'abord peine à y croire. Mais les produits ont donné la plus sensible des démonstrations. En 1855, six ans après, M. Chambrelent envoyait à l'Exposition universelle de Paris des chênes de 4 mètres de hauteur, sur 0 m. 10 de diamètre. En 1862, il exposait à Londres des chênes pris sur les mêmes landes ensemencées en 1849, et offrant 0 m 23 au collet et une hauteur de tige de 7 m. 80. Des pins de onze ans avaient 0 m. 06 de diamètre au petit bout et 2 m. 50 de longueur minimum, ils fournissaient déjà des poteaux pour le fonçage des mines.

On sait comment une loi devait s'emparer de ces résultats pour inaugurer, avec tout un système de fossés et de routes, l'œuvre de l'assainissement et de la mise en valeur des landes communales de Gascogne. Cette loi a été votée en 1857. Elle crée aux communes l'obligation d'effectuer elles-mêmes, si elles le veulent, les travaux d'assainissement et de plantation, et, au cas où elles s'y refuseraient, de livrer leurs terrains à l'Etat, qui se chargera de les mettre en valeur, sauf à se couvrir de ses avances sur les produits à venir.

Aurait-on cru de tels résultats possibles, il y a quelques années encore ? Qui se fût attendu à voir un esprit de rénovation et de progrès souffler sur les Landes, les capitaux s'en disputer les sables et les ingénieurs mettre leur science à l'établissement d'un réseau de fossés ? Et cependant, une sorte d'intuition prophétique avait entrevu et annoncé tout cela, dès le dix-huitième siècle. Un économiste grand seigneur, le marquis de Mirabeau, s'étonnait qu'on ne s'occupât point des Landes. Il avait observé lui-même, dans *ces terribles Landes* (c'étaient ses expressions) la belle venue de bois de pins mêlés de chênes blancs, là où les terrains n'étaient pas submergés ; et il se demandait « s'il était impossible de les assainir par un écoulement donné aux eaux pluviales.[1] »

Et aujourd'hui, on ne se borne pas dans ces pays à écouler les eaux, à assainir les terrains, à les semer, à y implanter les cultures forestières les plus riches; on s'efforce de faire servir les produits forestiers à renouveler les cultures agricoles indispensables et à obtenir des prairies. On emploie utilement à cet effet les bruyères, les herbes de toutes sortes, la feuille de pin elle-même, dans lesquelles l'analyse a montré l'existence de 0,40 0|0 d'azote. On a obtenu un tarif spécial pour le transport, par le chemin de fer, des vidanges de Bordeaux qui avaient été jusqu'alors jetées à la rivière. Avec de la litière et les produits des vidanges, on a des engrais qui sont employés sur les lieux dans leur état naturel ou transformés en poudrette, pour desservir les parties des landes les plus éloignées. M. Chambrelent a pris l'initiative de créer une de ces fabriques d'engrais à Saint-Alban. Par là, il a pu introduire une précieuse culture, celle du tabac, et préparer le sol à la formation de prairies.[2]

Dans l'ordre moral et matériel, les bons exemples sont le sûr moyen par lequel s'instruisent, s'améliorent et progressent les peuples. Les Landes, pour naître à la civilisation, avaient à réformer les vices de la configuration et de la constitution de leur sol. C'est ce à quoi on travaille, et un problème, qui jusqu'à ce jour semblait insoluble, n'existe plus. De tels faits ne portent-ils pas avec eux leur enseignement ?

---

[1] *Traité de la population,* 1758 , édit. in-4° ; première partie, p. 44.

[2] *Assaïnissement et mise en valeur des Landes de Gascogne,* 1862.

Un semblable problème doit être aujourd'hui résolu pour conserver les massifs forestiers du littoral de la Provence ; il faut en réformer la constitution, en substituant aux pratiques d'un autre âge les bonnes méthodes et une intelligente mise en valeur du sol. N'est-il pas temps d'y travailler?

Le temps n'est-il pas venu d'aborder dans leur ensemble tous les intérêts d'avenir de l'Esterel et des Maures ? Les questions forestières nous ont spécialement occupé ; mais combien de questions agricoles se lient intimément et indissolublement à elles ! Les propriétaires doués d'initiative et aimant leur pays feront acte de patriotisme, en éclairant les populations sur les premières réformes. Des cultures nomades et instables qui ruinent le sol et les bois, des taillades qui livrent des montagnes entières au feu, et cela, pour quelques grains de blé ne soldant pas les frais d'une main d'œuvre très onéreuse,[1] ne sont-ce pas là de véritables fléau? Des cultures fixes, des plantations ne seraient-elles pas faciles à établir en rapport avec l'état des lieux, la qualité des terrains et la variété des expositions? La vigne, comme nous l'avons dit, ne trouverait-elle pas les meilleures conditions de succès et ne prendrait-elle pas là une grande importance? A côté ou plutôt en dessous des peuplements de chênes liège et de châtaigniers, il y a les essences cultivées et indigènes, tel-

---

[1] On l'écrivait déjà à la fin du dernier siècle, et on trouvera sur ce point de très curieuses pages dans les *Observations sur l'Agriculture*, par Reboul, secrétaire perpétuel de la Société d'agriculture de Provence (Aix, 1785). — Le préjugé d'avoir de tout, dans un pays tel que la Provence, s'est formé dans des temps de trouble où les factions absorbaient toute idée de commerce et d'échange. Voilà comment on peut excuser la raison d'alors, devenue délire aujourd'hui, de cultiver des grains partout, malgré les difficultés et l'excédant de la dépense sur le produit. Aujourd'hui, *le plus de richesses locales doit dépendre du plus de soin donné à ce qui nous est propre.* »

les que l'olivier, dont la valeur un peu dépréciée ne peut être entièrement sacrifiée à celle de la vigne ; ailleurs les mûriers, les arbres fruitiers qui prospèrent sur le sol granitique. L'oranger vient en pleine terre aux abris, et on le trouve sur le littoral de Cannes à Saint-Tropez, Hyères et Toulon. Les plantes industrielles, les plantes aromatiques sont déjà l'objet de cultures lucratives;[1] ces dernières surtout, à cause du voisinage de Grasse, dont les essences ont conquis une renommée européenne. Ce sont là d'heureux essais et de sérieuses espérances. Ce seront autant de progrès définitifs, lorsque la création de pâturages et de prairies donnera plus d'engrais et que se développeront les irrigations. Les géologues ont signalé, comme précieux amendements pour les terres siliceuses, les marnes très abondantes depuis Toulon jusqu'à Cannes et Antibes, dans la partie inférieure du jura moyen, les dépôts de combustibles minéraux pyriteux semblables à ceux qu'on exploite pour l'agriculture du nord de Paris sous le nom de *cendres noires de Picardie.* « Le plâtrage, dit M. le comte de Villeneuve, serait également une merveilleuse ressource pour tous les terrains des Maures, enveloppés d'une ceinture de quatre-vingts gisements de plâtre en cours d'exploitation. « Nous avons signalé aux débuts de ce travail les richesses minérales et métalliques de l'Esterel et des Maures. Voilà certes des éléments d'avenir bien supérieurs à ceux qu'on réalisera jamais dans les Landes.

---

[1] « Depuis plusieurs années, nous écrivait M. Panescorse, je cultive, avec un bénéfice positif sur toute autre espèce de productions, les plantes aromatiques telles que: menthe poivrée, absinthe, camomille, angélique, hysope, anis, rhue, géranium-rosat, basilic, etc... Tout vient à souhait dans nos terres granitiques, de gneiss et de grès. Le bois ne manque par pour les fourneaux d'alambic. »

Mais d'abord et avant tout, il faut la sécurité comme il a fallu aux Landes l'assainissement ; on doit sauver ces *terribles forêts* de la menace du feu, comme on a été obligé de délivrer le sol landais de ses eaux stagnantes par un système de fossés d'écoulement.

Les Maures et l'Esterel commenceront par avoir de même un système général et rationnel de tranchées garde-feu, qui nécessitera une première division des massifs, qui conduira au nettoiement, au repeuplement, à la régénération de toute cette zone montagneuse.

Si ce système de tranchées peut être mis à exécution, grâce à l'entente commune des propriétaires et à l'impulsion des sociétés d'agriculture, si le Conseil général, secondant les efforts de l'administration forestière et le bon vouloir de l'administration préfectorale, ajoute à son influence morale le concours de ses encouragements ; enfin, si le gouvernement veut bien user de sa toute-puissance pour organiser, soutenir et subventionner une œuvre de cette importance, de grands résultats pourront être progressivement obtenus.

Heureux alors serons-nous, au nom du bien public, d'avoir dirigé de ce côté des études consacrées par nous à la Provence, non-seulement pour mieux connaître son histoire et son ancienne organisation sociale, mais pour servir la cause de ses plus chers intérêts d'avenir !

APPENDICE.

—

Délibérations des Conseils généraux du Var et des Alpes-Maritimes.

———

Nous croyons devoir consacrer un appendice aux délibérations prises par les Conseils généraux du Var et des Alpes-Maritimes dans leur session de 1865, et qui ont fait faire un grand pas à la question traitée dans notre travail.

Ce travail, fruit de toute une enquête historique et économique, était prêt à paraître au mois d'août de l'année dernière. Nous jugeâmes qu'il importait, avant sa publication définitive, de le soumettre aux mandataires du pays, c'est-à-dire aux hommes les mieux instruits sur la vérité des faits, les plus compétents sur le choix et l'emploi du remède.

Consigner ici leurs suffrages, c'est donner à notre œuvre l'autorité nécessaire pour qu'elle soit vraiment efficace ; c'est placer sous une égide puissante et respectée l'initiative que nos affections provençales et un dévouement déjà ancien à la cause forestière ont pu seuls nous stimuler à prendre, là où nous n'étions pas autrement intéressé à agir.

Un grand intérêt public trop longtemps méconnu, des besoins nombreux et urgents à satisfaire, ont mis en quelque sorte la plume entre nos mains. Les interprètes naturels et légaux des populations ont bien voulu accueillir nos efforts par les témoignages d'une sympathie bien précieuse.

Heureux de cet accueil, reconnaissant pour ces témoignages, nous pouvons aujourd'hui livrer avec plus de confiance notre travail à la publicité.

Nous mettons en entier sous les yeux de nos lecteurs le rapport fait, au Conseil général du Var, par l'honorable M. de Boutinny, les observations auxquelles il a donné lieu et la délibération conforme.

EXTRAIT DES PROCÈS-VERBAUX DES DÉLIBÉRATIONS DU CONSEIL GÉNÉRAL DU VAR (24 août 1865).

« Messieurs, le compte rendu de la situation forestière par M. le Conservateur des forêts nous a paru mériter le plus vif intérêt, par l'importance des services que cette administration peut rendre, plus particulièrement dans notre département qu'en aucun autre, à la fortune publique.

M. le Conservateur nous présente d'abord le chiffre de l'étendue des bois de l'Etat et de ceux des communes. L'Etat possède 9,290 hectares, et les communes 44,426, faisant un total de 53,716 hectares soumis au régime forestier.

M. le Conservateur se tait sur l'étendue des bois des particuliers, que l'on peut évaluer à plus de 200,000 hectares dans la zone schisteuse et granitique.

Les revenus des bois communaux ont été de 480,959 francs, savoir :

Coupes vendues..................	257,335 fr.
Vente de bois incendiés........	103,165
Coupes délivrées...............	28,362
Fermage des liéges.............	50,782
Produits accessoires...........	41,315
	480,959 fr.

Les travaux d'amélioration, dans les bois domaniaux et communaux, ont été plutôt des travaux de préservation pour diminuer les ravages des incendies. Ainsi, des tranchées ont été ouvertes sur une longueur évaluée à 7 kilomètres dans leur ensemble ; les dépenses de ces travaux ont été de 7,467 fr. dans les bois domaniaux, et de 7,886 fr. dans les forêts communales.

Vous voyez tout de suite que les communes, en n'appliquant à l'amélioration, et, ce qui est bien plus pressant, à la préservation de leurs forêts, qu'une somme égale à celle dépensée dans les bois domaniaux, cinq fois moins étendus que les leurs, ne font en réalité qu'un cinquième de ce travail si essentiel, et même insuffisant pour les bois domaniaux, comme l'expérience l'a tristement prouvé pour la forêt du Dom, incendiée l'année dernière, au moment où des travaux tardifs de débroussaillement allaient être commencés.

Aussi, M. le Conservateur exprime-t-il le regret que les communes comprennent si mal leurs vrais intérêts, et ici, Messieurs, qu'il me soit permis de citer l'exemple d'une commune qui devrait les engager à mieux faire.

La commune des Arcs a déjà de ses bois, d'une étendue de 1,500 hectares, des revenus considérables ; et l'on peut prévoir, sans exagération, que cette commune aura, dans vingt-cinq ou trente ans, plus de 100,000 fr. de rente de cette forêt qu'elle a su préserver, tandis que beaucoup d'autres communes, dans l'origine aussi bien et mieux partagées peut-être, n'ont su ni voulu rien conserver.

Les gardes des communes sont si faiblement rétribués qu'ils ne peuvent faire un service utile et ne sont presque gardes que de nom. Aussi, pour remédier à l'insuffisance des ressources, M. le Conservateur propose d'adopter pour le Var le système financier pratiqué dans les Alpes-Maritimes et dans d'autres départements, qui consisterait à ce que les communes fussent imposées à 1 fr. par hectare de bois surveillé. Ces fonds seraient centralisés dans la caisse du receveur général pour être ensuite distribués suivant les besoins du service.

Quant aux reboisements en 1864, ils ont porté sur 228 hectares de bois communaux, et la dépense s'est élevée à 29,806 fr. 50 c., dont par l'Etat, 24,427 fr.; par le département, 1,500 fr.;

par les communes, 6,879 fr. 50 c. M. le Conservateur croit que les travaux de reboisement, éclairés par l'expérience, entrent maintenant dans une voie de succès assuré.

Mais, M. le Conservateur, préoccupé à juste raison des ravages des incendies, les rappelle plusieurs fois dans son compte rendu ; il espère que l'arrêté préfectoral, défendant d'allumer des feux dans les forêts résineuses pendant l'été, pourra prévenir un grand nombre de sinistres, surtout, dit-il, si la gendarmerie et les gardes champêtres veulent bien concourir d'une manière efficace à son exécution.

Il exprime le désir que des travaux plus sérieux de préservation soient entrepris par les communes, et votre Commission ajoute, également par l'Etat. Enfin, il exprime le vœu que la chasse soit interdite dans les bois résineux jusqu'au 1er octobre.

Ces vœux divers de M. le Conservateur ne sont que trop justifiés par les faits déplorables qu'accuse le compte rendu. Ainsi, à côté des essais de reboisement de **228** hectares qui n'ont réussi qu'à moitié, soit d'un reboisement pour l'avenir de 120 à 130 hectares, se trouve le triste aveu de 3,383 hectares de bois tout venus anéantis l'année dernière dans les seules forêts domaniales et communales ; et tandis que, pour repeupler au plus 100 hectares (et quel reboisement), l'on dépense 29,806 fr., on n'applique, pour conserver 53,716 hectares tout venus et dans les parties favorables, que la somme insignifiante de 15,000 fr.!

Aussi, Messieurs, la lecture du rapport de M. le Conservateur a-t-elle produit en nous deux sentiments opposés, l'un de satisfaction pour les efforts, les services et les vues de l'administration forestière, et l'autre, du regret le plus pénible sur l'exiguité des moyens de conservation de nos forêts qui s'anéantissent par milliers d'hectares de bois tout venus, lorsqu'à peine quelques hectares de semis, espérance très incertaine de l'avenir, ne compensent pas plus les ravages des incendies auxquels eux-mêmes sont exposés, que la goutte d'eau qu'on enlèverait aux débordements de nos rivières n'en amoindrirait aussi les ravages.

Dans la situation forestière si exceptionnelle de notre département, si elle est enfin connue, il y a une inconséquence déplorable à faire ici ces reboisements utiles ailleurs, mais qui ne sont pour nous que de l'argent mal employé. Il faut d'autres mesures, si nous ne voulons pas qu'avant peu la destruction de nos forêts, déjà trop avancée, ne devienne totale, et n'ait pour tout le pays, et de plusieurs manières, les conséquences les plus malheureuses pour sa richesse, son climat et son agriculture.

Ces réflexions et ces craintes qui, depuis plusieurs années, ont été celles du Conseil, viennent d'être exprimées par un de nos compatriotes provençaux, mais n'appartenant pas à notre département. M. de Ribbe, animé des sentiments du plus vrai et du meilleur patriotisme, s'est ému de notre situation, dirai-je hélas! de notre indifférence. Homme de cœur, homme instruit, il vient de publier un écrit aussi substantiel qu'intéressant, et qui aura, nous l'espérons et le désirons surtout, la plus heureuse influence sur la conservation de nos forêts. M. de Ribbe s'occupe spécialement des bois de la lisière des côtes du Var, schisteuse et granitique, si féconde et si riche, qui s'étend de Toulon à Antibes, et qu'il appelle avec une si triste vérité *la région du feu...* Son travail a pour but principal l'étude du fléau des incendies, pour les pouvoir combattre plus sûrement.

Il en fait l'histoire séculaire, administrative et économique. Il signale les fautes commises, les services rendus, et rappelle, avec tant de raison, les paroles anciennes de Darluc, et peut-être plus vraies encore aujourd'hui : « *qu'avant de penser à former de nouveaux bois, nous devrions nous occuper de conserver ceux que nous avons.* » Il démontre la richesse de ceux qui couvrent naturellement nos montagnes fertiles et riantes, et la certitude de réparer encore, même facilement, les pertes causées par le feu. Comme le Conseil, il pense que l'interdiction des feux pendant l'été, les tranchées pour les empêcher de s'étendre, sont les premiers moyens de préservation à employer ; mais il propose un moyen plus efficace, celui d'un syndicat à former entre tous les intéressés pour s'occuper de toutes les mesures utiles de préservation et d'exploitation... Nous savons qu'un syndicat semblable a été formé en Algérie entre les concessionnaires de forêts ; il subsiste très utilement pour tous les intéressés. Ne pourrions-nous pas, dans le Var, former une semblable association ? Un de nos collègues, M. Chappon, pourra donner sur cette idée les renseignements nécessaires. — Le droit commun permet

des syndicats pour des intérêts divers, pour des bois par consé-
quent; mais les syndicats ne sont obligatoires que lorsqu'un
grand intérêt public l'exige, et le rapporteur de la loi disait que le
gouvernement aurait toujours la faculté de décréter des mesures
de haute administration et de police dans cet intérêt.

Un syndicat de nettoiement de nos bois devrait être obligatoire, pour que tous les efforts réunis de l'Etat, des communes et
des particuliers, puissent arrêter le fléau, et témoigner enfin et
surtout de la barbarie à la turque de notre civilisation et de notre
intelligence. Votre Commission, loin de repousser cette idée, croit
utile de vous la présenter... Le mal est immense, un grand remède est nécessaire... Pourquoi ne demanderions-nous pas une
loi pour la conservation de nos belles et riches forêts, comme on
l'a fait pour l'assainissement et la mise en valeur des Landes (loi
de 1857)? L'administration qui aura attaché son nom à cette
grande mesure peut rendre un éminent service au département,
et son nom, à plus de titres que celui de d'Azémar, laissera dans
notre pays, enrichi par ses soins, le long souvenir d'une juste re-
connaissance.

Ainsi, Messieurs, pour résumer ce rapport, dont la longueur
sera excusée par l'importance du sujet, votre Commission vous
propose :

1° De remercier M. le Préfet de son arrêté du 13 octobre 1864,
rappelant en quelque sorte l'article 148 du Code forestier ;

2° De le prier de recommander une exacte surveillance pour
qu'un arrêté d'une telle importance ne soit pas éludé et soit au
contraire rigoureusement observé ;

3° D'exprimer le vœu que l'Etat veuille bien augmenter dans
une forte proportion les secours que l'état exceptionnel de nos
forêts, si fatalement exposées aux dévastations les plus étendues,
l'engagera à appliquer à leur plus sérieuse préservation ;

4° De recommander à M. le Préfet l'idée du syndicat, et les
mesures qui permettront sa réalisation ;

5° D'exprimer un vœu favorable au désir formulé par M. le
Conservateur des forêts que le système financier pratiqué dans les
Alpes-Maritimes, pour l'imposition des communes au sujet de
leurs bois, soit établi dans le Var ;

6° Enfin, de voter des remercîments à M. de Ribbe pour le

concours si patriotique, si intelligent et si désintéressé qu'il nous apporte. »

Plusieurs observations se produisent sur les conclusions de la Commission. Elles ont surtout pour but de demander une exécution effective et énergique de l'arrêté du 13 octobre 1864.

M. le Préfet dit qu'il s'empressera d'adresser, à cet égard, de nouvelles recommandations à l'administration forestière, et de lui transmettre l'expression des désirs du Conseil général. Il ajoute qu'il fera parvenir également des instructions très précises à la gendarmerie et à MM. les maires, afin de stimuler le plus possible le zèle des gardes champêtres.

Un membre fait observer que, par application de l'article 638 du Code d'instruction criminelle, les infractions à l'arrêté dont il s'agit peuvent être constatées en dehors du flagrant délit, et que l'action publique et l'action civile peuvent être exercées pendant une durée de trois ans.

Un autre membre prie M. le Préfet de vouloir bien, dans ses nouvelles instructions, indiquer ce point qui lui paraît très essentiel, tant comme avis aux agents forestiers et autres, que comme avertissement aux populations.

Un autre membre demande que l'article 1er de l'arrêté du 13 octobre 1864 soit ainsi modifié : « Il ne pourra être procédé « à aucun écobuage, taillades ou feux quelconques, pendant les « mois de juin, juillet, août, septembre et octobre de chaque an- « née, à une distance de moins de 200 mètres de tous les bois « peuplés d'essences résineuses et de chênes liéges ou dont le « peuplement est mélangé de ces essences. »

Le Conseil s'associe à cette demande et prie M. le Préfet de vouloir bien la consacrer.

Les conclusions du rapport sont ensuite adoptées. »

Le Conseil général du Var, en approuvant les conclusions de notre travail, a bien voulu prendre l'initiative et les moyens de le propager au sein des populations.

« Un membre, est-il dit au procès-verbal de la séance du 23 août, fait ressortir tout le bien que produirait dans le département la propagation d'un livre intitulé : *Des incendies de Forêts dans la Région des Maures et de l'Esterel*, que vient de publier M. Ch. de Ribbe. Plusieurs membres s'associent à cette proposition et font l'éloge de l'ouvrage dont il est question. Le Conseil consulté s'empresse de souscrire à 100 exemplaires, et vote à cet effet un crédit de 200 fr., qui prendra place au sous-chapitre XVII. »

A ces témoignages d'adhésion venus du département le plus intéressé, se sont joints ceux du Conseil général des Alpes-Maritimes. Nous les reproduisons ici, avec le même désir qu'ils puissent concourir à fixer, sur la préservation de notre zone forestière littorale, la sollicitude du gouvernement.

EXTRAIT DES PROCÈS-VERBAUX DE DÉLIBÉRATIONS DU CONSEIL GÉNÉRAL DES ALPES-MARITIMES (25 août 1865).

« Messieurs, M. Charles de Ribbe, avocat à la Cour impériale d'Aix, a fait hommage à M. le Préfet, qui nous en a donné communication, de deux volumes traitant, l'un : DES INCENDIES DE FORÊTS DANS LA RÉGION DES MAURES ET DE L'ESTEREL ; *de leurs causes, de leur histoire et des moyens d'y remédier ;* l'autre : *de la Provence au point de vue des bois, des torrents et des inondations, avant et après 1789.* Fruits de recherches nombreuses et sérieuses, ces ouvrages renferment des détails et des renseignements intéressants sur l'ancienne administration de la Provence, sur le reboisement des montagnes et les moyens de rendre moins désastreux les incendies de forêts.

Notre Commission a vu justifié, dans les ouvrages de M. Charles de Ribbe, par l'étude du passé et du présent, le besoin d'une extension générale des *nettoiements*, pour préserver du feu de grandes richesses forestières et développer la production du chêne liége. L'établissement de tranchées *garde-feu* serait une des premières garanties de sécurité.

En conséquence, la Commission recommande cette étude et la question qui y est traitée à toute la sollicitude du gouvernement et de l'administration forestière. Elle prie M. le Préfet de vouloir bien la communiquer à M. le Conservateur des forêts, pour être ensuite déposée aux archives du département, où elle pourra être consultée avec fruit. »

Le Conseil approuve. »

Telles ont été les délibérations prises par les Conseils généraux du Var et des Alpes-Maritimes, dans leur session de 1865. Elles offrent les meilleures preuves de l'heureux ébranlement des esprits, par lequel doit se préparer une réforme, et elles tracent la voie qui semble la plus sûre pour le faire aboutir.

L'expérience journalière montre au prix de quelles difficultés et de quels efforts se conquièrent, se consolident les moindres progrès. Les exemples fournis par l'histoire du passé, la simple nomenclature des écrits en tout genre qui se sont inutilement succédés depuis un siècle, sans faire avancer d'un pas les mêmes questions, donnent à réfléchir sur l'impuissance de la plume ou de la parole, lorsque, trop complaisantes à émettre des théories, elles ne s'appliquent pas à traduire et formuler des conclusions vraiment pratiques.

L'esprit positif de notre siècle demande, il réclame le passage de la théorie à l'action. L'arrêté préfectoral du 13 octobre 1864 a été, dans le Var, le point du départ de cette action contre le fléau des incendies, et la délibération du 24 août 1865 vient de l'engager plus avant, au nom de tous les motifs d'intérêt public. Quels ne seront pas les résultats des mesures que le Conseil général recommande ou sollicite, si elles sont graduellement et fermement poursuivies sous l'impulsion de l'habile administrateur placé à la tête du département du Var, sous la direction spéciale du nouveau et savant conservateur M. Hennequin, qui, poursuivant l'œuvre de M. Viney, son devancier, tiendra certainement à honneur de faire servir les efforts de son zèle à la transformation forestière de la plus belle zone de la Provence!

Une protection plus sérieuse de la loi, une surveillance plus efficace de l'administration faite par des gardes mieux rétribués, des encouragements et des subventions pour les nettoiements, l'exécution de tranchées *garde-feu* d'après un plan d'ensemble méthodique, ce sont les moyens indiqués pour sauver du feu de très grandes richesses et mettre en valeur une région de 200,000 hectares. On invoque le secours des pouvoirs publics, on devra travailler à l'obtenir... Qui ne voit, par cela même, la nécessité d'un concours très soutenu et très actif de l'initiative individuelle? Avec cette initiative, tout n'est pas immédiatement possible et facile; mais tout devient moins difficile avec le temps. Sans elle, combien d'obstacles presque insurmontables à vaincre?

Susciter, stimuler l'initiative individuelle des propriétaires de forêts est le premier besoin dans des contrées où, chez beaucoup, rien n'égale les habitudes d'isolement que la torpeur produite par le découragement. Or, il semble permis d'espérer ce réveil, de compter sur un peu de ressort dans les volontés, en commençant par s'adresser à ceux qui sont les plus intéressés à la réforme, aux propriétaires de chênes liége.

Le Conseil général du Var a sanctionné de ses suffrages le projet de création d'un syndicat général, et l'honorable représentant du canton de Collobrières, M. Chappon, a offert très opportunément comme exemple ce qui est pratiqué en Algérie par les concessionnaires de forêts de chênes liége. —

Pourquoi les propriétaires des Maures et de l'Esterel n'imi-
teraient-ils pas ceux de l'Algérie? Pourquoi ne se groupe-
raient-ils pas en un syndicat, en une société forestière, et ne
confieraient-ils pas aux plus zélés, aux plus influents d'entre
eux la mission de délégués pour la cause commune? L'influence morale du syndicat ne serait pas moins féconde que
son œuvre pour l'obtention de mesures légales et réglemen-
taires. Elle agirait d'elle-même sur les autorités locales. Elle
faciliterait la réalisation si utile, si naturellement indiquée,
de syndicats locaux, constitués pour les nettoiements dans
des périmètres déterminés et surtout dans les parties les plus
riches en chênes liége, organisés à peu près comme les
syndicats pour les endiguements des rivières et des torrents.

L'idée est posée et a pris pied dans l'opinion. Elle se présente avec les sympathies hautement exprimées du Conseil
général. Souhaitons qu'un appel direct aux propriétaires la
traduise bientôt en fait, avec l'approbation gouvernemen-
tale.

Restera une dernière condition pratique de succès. Il importe de donner au groupe forestier des Maures et de l'Esterel, si complétement distinct par sa nature et par ses produits
de la zone calcaire, jusqu'à ce jour isolé et délaissé, les éléments et les instruments nécessaires pour l'arracher presque
à un état de barbarie. Ce ne serait pas trop d'un inspecteur
et d'un personnel forestier, pour imprimer une nouvelle et
féconde activité aux nettoiements, soit dans les bois de l'Etat,
soit dans ceux des communes, pour surveiller ces nettoiements et les étendre suivant un plan d'ensemble, pour exécuter un réseau de tranchées *garde-feu* dans les massifs, et en
même temps pour reboiser, stimuler les efforts individuels,
venir en aide au syndicat, etc...

Créer une inspection des forêts dans la zone schisteuse ou

granitique provençale, ce serait prêter corps et vie à de nombreux intérêts en souffrance ; ce serait servir, de la manière la plus opportune et la plus utile, les efforts qui devront être tentés dans les Maures et l'Esterel en vue d'un avenir meilleur. Nous avons été témoin des merveilleux résultats obtenus dans les Landes par M. l'ingénieur Chambrelent, chargé du service de la mise en valeur des biens des communes. 200,000 hectares de montagnes, dans une des contrées les plus splendides par la végétation et les plus favorisées pour le climat, attendent une ère régénératrice comme les Landes et la Sologne. Ayons la ferme confiance qu'elle ne tardera pas à s'ouvrir.

FIN.

TABLE

ALPHABÉTIQUE ET ANALYTITQUE

DES MATIÈRES

Nous essayons d'appliquer ici la méthode qui donne aux travaux un peu étendus d'observation toute leur valeur pratique. Une table analytique doit, en facilitant les recherches, offrir le vrai résumé d'un ouvrage. Celle-ci est destinée à remplir ce double but, en précisant nettement l'ensemble et la variété des points de vue de la question forestière, telle qu'elle se pose dans les Maures et dans l'Esterel.

A

ADMINISTRATION DES FORÊTS. — Défend aujourd'hui la propriété forestière contre les extrèmes conséquences de l'imprévoyance ou de l'impuissance individuelle, de l'instabilité sociale, 48, 66. — A dans les Maures et l'Esterel une mission toute particulière d'initiative, de préservation et de rénovation à accomplir, viij, 72, 77, 82, 96, 110. — Dispose de ressources insuffisantes pour l'extension des nettoiements et des tranchées *garde-feu*, 72, 77, 110-112 ; — et d'un personnel également insuffisant, 117, 118. — Service d'inspection à créer pour une des zones forestières les plus belles, qui a été jusqu'à ce jour trop délaissée, *ibid*.

AGRICULTURE. — Combien elle exigerait de réformes et quels pourraient être ses éléments d'avenir, 23, 24, 37, 88-92, 103, 104. (Voir BARRAGES, GAZONNEMENT, TAILLADES).

ARCS (commune des). — Exemple de ce que peut produire la conservation intelligente des forèts communales, 109.

B

BARRAGES. — Facilité de les établir pour l'irrigation dans les vallées des Maures, 90-92.

C

CATALOGNE. — Bons exemples qu'elle offre à la Provence pour la production et l'industrie du liége, 15, 84-87.

D

Déboisement. — Est ancien en Provence, 45. — Était déjà l'objet de plaintes très vives, à la fin du xviiime siècle, 66-68. — A pour causes : les mauvaises mœurs qui désorganisent la famille et la commune, 48, 66 ; — l'ignorance des lois de l'économie forestière, 65 ; — les difficultés de conservation et d'exploitation des bois qui, souvent, font préférer à ceux-ci les bénéfices immédiats du pâturage, 59, 69, 70, 79. — A nécessité une réglementation toujours plus vigilante et plus active, 61, 62, 68, 69.—Peut être plus facilement réparé dans les Maures et dans l'Esterel que dans les Alpes, 12, 27.

E

Esterel. — Déjà très ravagé par les incendies, au xviiime siècle, 25. — De plus en plus déboisé, 42.

F

Feux. — Leur danger, pendant l'été, pour les bois peuplés d'essences résineuses et de chênes liége, 38, 39, 50, 51.—Anciennement, frappés d'une interdiction, avec responsabilité pour les magistrats communaux négligents, 61, 62. — Aujourd'hui, défendus par la loi, mais avec une pénalité trop souvent illusoire, 57-59. — Trop longtemps tolérés, malgré des nécessités de préservation exceptionnelles, 52, 53. — Soumis dans ces derniers temps à une réglementation dont l'efficacité dépend de sa mise à exécution, 52, 53, 113. — (Voir Corse, Incendies, Surveillance, Taillades).

G

Gardes. — Trop mal rétribués par les communes, 63, 109. — (Voir Régime Communal, Surveillance).

Gazonnement. — Exécuté à la suite de nettoiements, et avec des graines de plantes agrestes, pourrait remplacer par des pâturages de pauvres cultures en céréales, 88, 89. — Créerait des prés-bois dans les peuplements déjà formés de chênes liége, 90.

R

S

T

FIN DE LA TABLE DES MATIÈRES.